太极拳套路

完全图解 | 视频学习版

陈氏56式、杨氏24式和普及48式

灌木体育编辑组 · 编著

人民邮电出版社

北京

图书在版编目（CIP）数据

太极拳套路完全图解 : 陈氏56式、杨氏24式和普及
48式 : 视频学习版 / 灌木体育编辑组编著. -- 北京 :
人民邮电出版社，2022.3
ISBN 978-7-115-49826-7

Ⅰ. ①太… Ⅱ. ①灌… Ⅲ. ①太极拳—套路(武术)—
图解 Ⅳ. ①G852.111.9-64

中国版本图书馆CIP数据核字(2020)第090873号

免责声明

作者和出版商都已尽可能确保本书技术上的准确性以及合理性，并特别声明，不会承担由于使用本出版物中的材料而遭受的任何损伤所直接或间接产生的与个人或团体相关的一切责任、损失或风险。

内 容 提 要

本书首先讲解了陈氏、杨氏以及其他流派太极拳的发展和特点，接着以真人示范图结合详细步骤说明的形式，分别对陈氏56式太极拳、杨氏24式太极拳及原国家体委编创的普及48式太极拳进行了讲解。此外，本书提供了在线学习视频，帮助练习者跟着专业教练轻松学习太极拳。因此，不论是太极拳初学者还是想集各流派所长的太极拳专业人士，都可以从中获得提高自身练习水平的知识。

◆ 编　著　灌木体育编辑组
　　责任编辑　刘　蕊
　　责任印制　马振武

◆ 人民邮电出版社出版发行　　北京市丰台区成寿寺路 11 号
　邮编　100164　　电子邮件　315@ptpress.com.cn
　网址　https://www.ptpress.com.cn
　涿州市般润文化传播有限公司印刷

◆ 开本：700×1000　1/16
　印张：9.75　　　　　　　　2022 年 3 月第 1 版
　字数：214 千字　　　　　　2024 年 12 月河北第 12 次印刷

定价：49.80 元

读者服务热线：(010)81055296　印装质量热线：(010)81055316
反盗版热线：(010)81055315
广告经营许可证：京东市监广登字 20170147 号

目 录

第一章　太极拳的起源与发展

　　第一节　陈氏太极拳 …………………………………… 9

　　第二节　杨氏太极拳 …………………………………… 10

　　第三节　其他流派太极拳 ……………………………… 11

第二章　陈氏 56 式太极拳

　　第一节　起势 …………………………………………… 13

　　第二节　右金刚捣碓 …………………………………… 14

　　第三节　揽扎衣 ………………………………………… 16

　　第四节　右六封四闭 …………………………………… 18

　　第五节　左单鞭 ………………………………………… 20

　　第六节　搬拦捶 ………………………………………… 21

　　第七节　护心捶 ………………………………………… 22

　　第八节　白鹤亮翅 ……………………………………… 23

　　第九节　斜行拗步 ……………………………………… 25

　　第十节　提收 …………………………………………… 27

　　第十一节　前趟 ………………………………………… 28

　　第十二节　左掩手肱捶 ………………………………… 29

　　第十三节　披身捶 ……………………………………… 30

　　第十四节　背折靠 ……………………………………… 31

　　第十五节　青龙出水 …………………………………… 32

　　第十六节　斩手 ………………………………………… 33

　　第十七节　翻花舞袖 …………………………………… 34

　　第十八节　海底翻花 …………………………………… 35

　　第十九节　右掩手肱捶 ………………………………… 36

第二十节　左六封四闭……………………………………37

第二十一节　右单鞭……………………………………39

第二十二节　右云手……………………………………40

第二十三节　左云手……………………………………42

第二十四节　高探马……………………………………44

第二十五节　右连珠炮……………………………………45

第二十六节　左连珠炮……………………………………48

第二十七节　闪通臂……………………………………50

第二十八节　指裆捶……………………………………51

第二十九节　白猿献果……………………………………53

第三十节　双推掌……………………………………54

第三十一节　中盘……………………………………54

第三十二节　前招……………………………………56

第三十三节　后招……………………………………57

第三十四节　右野马分鬃……………………………………58

第三十五节　左野马分鬃……………………………………59

第三十六节　摆莲跌叉……………………………………59

第三十七节　左右金鸡独立……………………………………61

第三十八节　倒卷肱……………………………………63

第三十九节　退步压肘……………………………………64

第四十节　擦脚……………………………………65

第四十一节　蹬一根……………………………………66

第四十二节　海底翻花……………………………………67

第四十三节　击地捶……………………………………68

第四十四节　翻身二起脚……………………………………69

第四十五节　双震脚……………………………………70

第四十六节　蹬脚……………………………………72

第四十七节　玉女穿梭……………………………………72

第四十八节　顺鸾肘……………………………………73

第四十九节　裹鞭炮……………………………………74

第五十节　雀地龙 ………………………………………………… 75

第五十一节　上步七星 …………………………………………… 75

第五十二节　退步跨虎 …………………………………………… 76

第五十三节　转身摆莲 …………………………………………… 77

第五十四节　当头炮 ……………………………………………… 78

第五十五节　左金刚捣碓 ………………………………………… 79

第五十六节　收势 ………………………………………………… 80

第三章　杨氏 24 式太极拳

第一节　起势 ……………………………………………………… 82

第二节　野马分鬃 ………………………………………………… 82

第三节　白鹤亮翅 ………………………………………………… 86

第四节　搂膝拗步 ………………………………………………… 87

第五节　手挥琵琶 ………………………………………………… 90

第六节　倒卷肱 …………………………………………………… 90

第七节　左揽雀尾 ………………………………………………… 93

第八节　右揽雀尾 ………………………………………………… 95

第九节　单鞭 ……………………………………………………… 98

第十节　云手 ……………………………………………………… 99

第十一节　单鞭 …………………………………………………… 100

第十二节　高探马 ………………………………………………… 101

第十三节　右蹬脚 ………………………………………………… 102

第十四节　双峰贯耳 ……………………………………………… 103

第十五节　转身左蹬脚 …………………………………………… 104

第十六节　左下势独立 …………………………………………… 105

第十七节　右下势独立 …………………………………………… 106

第十八节　左右穿梭 ……………………………………………… 107

第十九节　海底针 ………………………………………………… 108

第二十节　闪通臂 ………………………………………………… 109

第二十一节　转身搬拦捶 ………………………………………… 109

第二十二节　如封似闭 ……………………………………… 111

第二十三节　十字手 ……………………………………… 112

第二十四节　收势 ………………………………………… 113

第四章　普及48式太极拳

起势 ……………………………………………………… 115

第一节　白鹤亮翅 ………………………………………… 116

第二节　左搂膝拗步 ……………………………………… 116

第三节　左单鞭 …………………………………………… 117

第四节　左琵琶势 ………………………………………… 119

第五节　捋挤势 …………………………………………… 119

第六节　左搬拦捶 ………………………………………… 121

第七节　左掤捋挤按 ……………………………………… 122

第八节　斜身靠 …………………………………………… 123

第九节　肘底捶 …………………………………………… 124

第十节　倒卷肱 …………………………………………… 125

第十一节　转身推掌 ……………………………………… 126

第十二节　右琵琶势 ……………………………………… 127

第十三节　搂膝栽捶 ……………………………………… 127

第十四节　白蛇吐信 ……………………………………… 128

第十五节　拍脚伏虎 ……………………………………… 129

第十六节　左撇身捶 ……………………………………… 131

第十七节　穿拳下势 ……………………………………… 131

第十八节　独立撑掌 ……………………………………… 132

第十九节　右单鞭 ………………………………………… 133

第二十节　右云手 ………………………………………… 135

第二十一节　右左分鬃 …………………………………… 136

第二十二节　高探马 ……………………………………… 137

第二十三节　右蹬脚 ……………………………………… 137

第二十四节　双峰贯耳 …………………………………… 138

第二十五节　左蹬脚 …………………………………… 138

第二十六节　掩手撩掌 ………………………………… 139

第二十七节　海底针 …………………………………… 140

第二十八节　闪通臂 …………………………………… 140

第二十九节　左右分脚 ………………………………… 141

第三十节　搂膝拗步 …………………………………… 142

第三十一节　上步擒打 ………………………………… 142

第三十二节　如封似闭 ………………………………… 143

第三十三节　左云手 …………………………………… 144

第三十四节　右撇身捶 ………………………………… 145

第三十五节　左右穿梭 ………………………………… 145

第三十六节　退步穿掌 ………………………………… 146

第三十七节　虚步压掌 ………………………………… 147

第三十八节　独立托掌 ………………………………… 147

第三十九节　马步靠 …………………………………… 148

第四十节　转身大捋 …………………………………… 148

第四十一节　撩掌下势 ………………………………… 149

第四十二节　上步七星 ………………………………… 150

第四十三节　独立跨虎 ………………………………… 151

第四十四节　转身摆莲 ………………………………… 151

第四十五节　弯弓射虎 ………………………………… 152

第四十六节　右搬拦捶 ………………………………… 153

第四十七节　右掤捋挤按 ……………………………… 154

第四十八节　十字手 …………………………………… 155

收势 ……………………………………………………… 155

在线视频访问说明 ……………………………………… 156

第一章

太极拳的起源与发展

第一节 陈氏太极拳

追寻陈氏太极拳的源头，最早可上溯至陈氏的先祖陈卜。最初，陈卜家族生活于现在的山西晋城（古称泽州郡），后来迁居洪洞县，陈卜则迁至今河南陈家沟，并世代居住于此。出于生存与安全的需要，陈卜带领村民练习武艺。陈氏于此地繁衍至九世的时候，陈王廷出现。根据相关记载，陈氏太极拳是从陈王廷开始的。

陈王廷（1600—1680）是陈氏迁于陈家沟后的第九代子孙，字奏庭。陈王廷在祖上传授武术的基础上，潜心研究，并结合其他武学、中医学、道家的阴阳学说及养生观念，创造出既能强身健体，又可抵御强敌的陈氏太极拳。陈氏太极拳经由村民的练习及传承，越来越发扬光大。在陈家沟，几乎从男到女、由老及幼，都会太极拳。"喝喝陈沟水，都会翘翘腿""会不会，金刚大捣碓"的谚语充分说明了当地太极拳的流行盛况。

陈王廷有一组《长短句》，全面阐释了陈家沟的生活状况，以及太极拳的产生背景和学拳的作用：保平安，利农耕，让村民都享有恬淡的、不求名利的太平生活。其《长短句》如下："叹当年，披坚执锐，扫荡群氛，几次颠险！蒙恩赐，枉徒然，到而今年老残喘。只落得《黄庭》一卷随身伴，闲来时造拳，忙来时耕田，趁余闲，教下些弟子儿孙，成龙成虎任方便。欠官粮早完，要私债即还，骄谄勿用，忍让为先。人人道我憨，人人道我颠，常洗耳不弹冠。笑杀那万户诸侯，兢兢业业，不如俺心中常舒泰，名利总不贪。参透机关，识彼邯郸，陶情于渔水，盘桓乎山川，兴也无干，废也无干。若得个世境安康，恬淡如常，不忮不求，哪管他世态炎凉，成也无关，败也无关。不是神仙谁是神仙？"

陈氏太极拳的产生，除了陈王廷的努力外，还有一些外来因素：一个是当时武艺高强的蒋发，另一个是明朝戚继光的拳法著作《三十二势拳经捷要》。

首先是蒋发。蒋发曾是一名山寨首领的部下，武艺高超，飞奔如兔。他早年认识陈王廷，后来遇难跑到陈家沟，拜陈王廷为师。他与陈王廷亦师亦友，经常切磋武功，这有助于太极拳的产生，以及招式的检验、完善。

其次是戚继光的著作《三十二势拳经捷要》，此书成于戚继光抗倭时期。明嘉靖时期，倭寇时常进犯我国东南沿海地区。为了抵制倭寇，戚继光为戚家军创编出三十二势拳法，十分精妙，且富于变化。陈王廷在这三十二势中，选取了二十九势用于陈氏太极拳。如今陈氏太极拳中的金鸡独立、懒扎衣和当头炮等招式，就来自于戚继光的三十二势。

第二节 杨氏太极拳

陈氏太极拳在流传过程中，经过其他传习者的融会贯通，产生了不同的流派。其中，杨氏是最著名的一支，其创始人为杨露禅。杨露禅曾经在陈家沟学拳，学成后对陈氏太极拳进行了改良并自成一派。杨氏太极拳经由杨露禅传人发扬光大。杨氏太极拳虽然是杨露禅所创，但其风格的发展和稳定，以及后期的发扬壮大，是杨露禅和杨氏子孙们一起努力的结果。在杨氏子孙中，对杨氏太极拳的发展贡献突出的是杨露禅的儿子杨班侯、杨健侯，孙子杨少侯、杨澄浦。杨露禅删去了陈氏太极拳老架中一些比较难的动作，如纵跳、发劲和震足等，奠定了杨氏太极拳"松"和"沉"的特点，使之老少易学。后来的杨班侯为杨氏一百单八式太极拳奠定了基础。杨健侯精通太极的各类器械，如太极剑、太极刀、太极枪等，进一步发扬光大了杨氏太极拳。杨少侯的动作更加气势逼人，善于以柔克刚，出奇制胜。杨澄浦身材高大，所打出的拳架大开大合，于是杨氏太极拳的拳架又逐渐被修改为大架子。虽然是大架子，但动作却均匀舒缓，风格柔和，肢体充分伸展。此时的杨氏太极拳得到了广泛的流传，也正是我们现在所练习的杨氏太极拳。练习杨氏太极拳时，需要贯彻其精髓，即"松"和"沉"。"松"就是使身体处于放松状态，关节和肌肉不能紧张和僵硬，这样才能使四肢运转灵活，动作幅度大。"沉"是指在打太极拳的过程中，要保持腰腹部位，也就是身体核心的稳定。除此之外，还要注意眼法、步法和手法的结合。与陈氏太极拳相比，杨氏太极拳的招式相对简单，身架正，学习起来更容易一些，再加上杨露禅的后人对杨氏太极拳不遗余力的推广，杨氏太极拳的受众范围更广。杨氏太极拳虽然学起来容易，但是依旧有严格的手眼身法步要求。只有按照要求来练习，才能取得更好的效果。杨氏太极拳之所以能够流传至今，并依旧在广大群众中传习，和它本身的作用是分不开的。在今天，太极拳的技击功能已经不是很重要了，人们练习太极拳，更在意的是它的强身健体的作用。

吴氏太极拳源自杨氏太极拳。它的创建者为全佑，清朝末年满族人氏。全佑先后跟随杨露禅及其次子杨班侯，学习了杨氏太极拳的大架子和小架子（主要特色是将招式柔化）。后来，全佑的儿子将自己的姓名改为汉族人的姓名——吴鉴泉。他的太极拳传承其父太极拳的特点，讲究连绵不断的招式，以大架为功底，招式圆，自然且紧凑，舒展细腻，被称为吴氏小架子，也就是今天的吴氏太极拳。

武氏太极拳也源自杨氏太极拳，其创建者为河北人武禹襄。据武氏太极拳的传人葛顺成所讲，武禹襄学太极拳的经历颇为曲折。首先，武禹襄家族是河北永年的望族，崇尚文墨书香，讲究仕途。陈家沟人曾在永年租用武家房产，武禹襄彼时见到陈家的拳法，心生羡慕，却碍于自己的身份而不能学习。杨露禅是武禹襄的好友，此时的杨露禅已经有很深的武学功底，于是武禹襄拜托杨露禅到陈家沟学习太极拳，然后再教授自己。后来武禹襄本人也到陈家沟学习过太极拳，并学有所成，自成一派，传给后人。如今武氏太极拳的标准拳架根据武禹襄的传人郝为真的拳法制定。不过葛顺成等传人的拳架仍为传统武氏太极拳的风格。

孙氏太极拳的创建者为孙禄堂，河北完县人氏。孙氏太极拳是在武氏太极拳的基础上形成的。孙禄堂是个酷喜武学之人，先后学习过多种拳法，如形意拳等。到了民国年间，孙禄堂开始跟随郝为真学习太极拳。孙禄堂本身有武学功底，在学习武氏太极拳的基础上，又综合了其他拳法的特点，取长补短，创造出孙氏太极拳。这一派拳法的特点是以开合步为转向的相接，动作舒展灵敏，进退跟随，因此又被称为"开合活步太极拳"。

第二章

陈氏56式太极拳

起势

1 保持身体直立，并双脚，双臂自然放在身体两侧，然后左脚前迈，落地（先前脚掌，后全部脚掌）。

2 上半身向左前方微转，保持双臂伸直上抬，速度要慢，保持掌心朝下。

3 保持下半身姿势，保持双肘弯曲，双手提至胸前位置，然后手掌右翻。

4 双掌向着右前方位置划去，接着双肘弯曲，手掌下翻。

5 保持腿部微屈姿势，保持双肘弯曲，朝内侧收回，接着右手掌上翻。

6 向左稍稍转体，保持双肘弯曲，双掌从右向左推出，直至手臂变直，掌心朝向左前方。

第二节 右金刚捣碓

"金刚捣碓"动作的名称展示了该动作的形态特点：右手握拳，左手像凹陷的臼一样微据，右拳向左手砸去，就像在捣碓一样。

1 接上式，双臂向左前方举出，掌心朝外。

2 保持双肘弯曲，拨向右边，同时下半身为开步姿势，微微下蹲。

3 转体的同时右脚向右侧迈步，脚跟着地。

4 双臂推掌至右侧，身体右转。

5 上半身向前倾，掌心朝前，双臂此时为伸直的状态。右腿在前，左腿在后，右腿稍稍弯曲，脚底踩实，左腿蹬直，脚尖点地。

6 左脚左迈一步并伸直，脚跟着地，右膝保持弯曲。

7 左脚脚底踩实，上半身保持不变。

8 双掌同时向下画弧。

9 此时变为左弓步，向左转移重心，双掌向右向下划且掌心方向不同，左掌掌心朝下，右掌掌心朝外。

10 左掌向左前推去，左臂由弯曲变直，掌心朝下，右手掌保持原来姿势。

11 身体回正，重心继续前倾，右脚向前一步。

12 右脚向前迈，呈右虚步姿势，然后右掌沿弧线形路线从后向前划去，右肘由弯曲变直，掌心朝上，呼应左手，左掌则划向右臂左侧。

13 右手握拳下落，左手轻抚至右臂内侧位置，下半身保持原姿势不变。

14 然后右手握拳，右肘弯曲，右手向上至胸前位置，左掌则向下至腹部位置，掌心朝上，接着提右腿。

15 右拳下落，同时右腿下落，左掌姿势不变。

16 右拳向左掌心砸去，拳眼朝外，然后右脚落地，双腿开立微蹲。

第三节

揽扎衣

古时的人们身着长衫，练拳时会将长衫一角上揣，并塞进腰间，以方便踢腿。该动作与揣起衣角并将其塞进腰间的动作很像，开合之间很有气势，稳中有力。

1 接上式，上半身前倾，右手握拳砸向左掌心。

2 右手为拳，左手为掌，同时以弧线形路线向左前方上划，下半身姿势不变。

3 右拳在上举时变为掌，轻落于左臂内侧，左掌向右上方画弧。

4 左掌划至胸前靠右位置，右掌举至左臂内侧上方，双臂交叉。

5 左掌向下按压，右掌先向外翻，以弧线形路线向右前方上划。

6 左掌向内旋，右掌向外旋，同时下半身姿势不变。

7 双臂继续旋转，下半身姿势不变。

8 左臂向左上方旋，一直到左臂彻底展开，右臂向右下方旋，一直到右臂完全打开，左膝保持微屈状态，右脚脚尖着地。

9 双臂向内合，同时右脚划过左脚位置，向右迈一大步。

10 双臂在胸前位置交叉，左内右外，双掌掌心的朝向不同，左掌朝右，右掌朝上。

11 右脚踏实地面，变为左弓步，上半身朝前，双臂在胸前位置交叉。

12 上半身转向左前方，同时右腿微屈，做好准备推掌。

13 上半身向右转，右臂以弧线形路线，从胸前位置向右前方划，同时左掌下落。

14 左臂向下至腹部前方位置，右手以弧线形路线，向右前方划，下半身重心随上半身动作转移。

15 上半身稍稍向右转，右肘弯曲，右掌变为立掌，左掌则位于腹部前方，此时下半身为右弓步姿势。

第四节

右六封四闭

"六封"说的是太极拳威力能使对方陷入进退两难的情况，并且让其无法判断我方的招式，惊慌失措。达到这种境界的太极拳就是"闭其四肢"，即使对方四肢被动调遣。

1 接上式，左掌托于腹前，右掌则立起，变为立掌。

2 左掌由内向外翻掌，右掌由上向下翻掌，双腿变为左弓步姿势。

3 左掌向上翻掌，并放在腹部前方位置，右掌掌心朝内，双腿呈右弓步姿势。

4 身体重心继续左移，呈左弓步，右臂由右侧下落并向左前方画弧，左掌随右臂旋转，落于右臂内侧。

5 上半身左转，双臂上举至胸前位置，此时右掌朝内，左掌翻掌并轻抚右臂内侧。

6 整体变为右弓步姿势，右掌向外翻掌，双臂从左侧划向右侧，掌心朝外。

7 双臂抚掌下压，身体重心逐渐向左移。

8 双掌按至右腿上方，掌心朝下。

9 整体变为左弓步姿势，此时双掌上提，向正前方画弧。

10 双臂移至胸前，屈臂勾手。

11 双掌同时向上翻掌，双臂向左右两边伸直打开。

12 双臂由外向内下按，下半身姿势不变。

13 双掌保持掌心相对，然后向下按，直至肩前位置，身体则向右前方转。

14 收左脚至距右脚一步距离处，脚尖着地，呈左虚步，右腿微屈，双掌由胸前向右下方推，掌心朝外。

第五节 左单鞭

做该动作时，一只手做出勾手动作，另一只手于脸部前方拂过，然后冲着前方挥扬而出，就像在马背上扬鞭一样，因此得名。这是传统拳术的通用式名，在技击上属"拴手"。

1 接上式，左掌向上抬至胸前位置，掌心朝下，右掌向腹部位置收回再向上翻掌，双掌相对，下半身保持左虚步姿势。

2 左掌前翻，右掌后翻，双掌位置互换，下半身姿势不变。

3 右臂上抬并伸直，右手勾手，朝右前方，左掌向腹部位置收回。

4 左腿抬起，向右腿靠近，然后做出想向前迈的姿势，脚尖朝下，上半身姿势保持不变。

5 左脚向左迈一大步，使整体变为左弓步姿势，然后左掌跟随身体向左平移，上半身姿势不变。

6 上半身朝前，左掌向腹部前方位置收回，右手一直为勾手。

7 整体变为右弓步姿势，左掌向右上方举起至右臂位置，然后翻掌按压右臂。

8 重心左移，左掌以弧线形路线，向左侧划至弯曲的左臂伸直。左掌掌心朝向左侧。

搬拦捶

搬是搬移，拦是拦阻。该动作的名字意指用手搬动、移动对方的拳头，以达到拦阻对方的目的，然后用拳击打对方。此拳式为太极拳五手捶之一，具有先化后打、柔中带刚的特点。搬拦捶也有分类，如定步、进步、卸步等。

1 接上式，双臂伸直，目视左手。

2 右勾手变掌，沿弧线形路线向左下方划去，身体重心随之微微左移。

3 右掌移至胸前，掌心朝左。

4 双掌向左下方按压，准备由下向右旋转。

5 身体重心右移，呈右弓步，双掌沿弧线形路线划向右肋位置，然后由掌变拳。

6 做好向左转体的准备，重心随身体转移。

7 身体快速转向左侧，双拳向左侧移动，动作与步骤6相反。

侧面

8 左拳下翻，右拳上翻，双拳同时向左下方按压，双腿屈膝下压，左脚脚尖朝左前方，右脚脚尖朝右前方。

9 双拳微微上提至左肋前，双腿保持屈膝并回正，眼睛看向拳头。

10 身体快速向右转，双拳向右侧移动，右拳拳心朝上，左拳拳心朝下，动作与步骤9相反。

护心锤还有一个名字：兽头势，该名字出自陈鑫的拳法口诀："两拳上下似兽头，左足西往又东收；护心拳里无限意，欲用刚强先示柔。"

第七节 护心捶

1 接上式。

2 右拳下翻，和左拳一起在胸前环抱，双拳拳眼相对，双腿呈右弓步。

3 左拳向下运动至右腿左侧，右拳向下运动至右腿右侧，左腿屈膝向下。

4 右脚踩地，左腿上提，屈膝，脚尖朝下，同时左臂内旋提肘。接着身体向左转，右脚蹬地跃起（图中未展示）。

5 左腿、右腿一先一后在左前方落下，重心在左腿，左膝微微弯曲。然后身体向右转，同时左拳从额前位置开始，先外旋，再沿弧线形路线，经左侧腰部位置后划向左前方，最终与肩部齐高；右拳则同样沿圆弧形路线，外旋，划向右前方，最终与肩部齐高。

6 右臂保持肘部弯曲，向内侧划至腹部前方，左拳则划至左侧肩部位置。

7 上半身右转，右拳从右膝前方划向右腿后方位置，左拳则向外、向上，从胸前打向身体右前方，最终与胸部齐高。

8 上半身左转，右拳内旋向上，右肘弯曲。右拳向胸前横摆，经过左拳上方后向前出拳。

该动作最初的名字为白鹤晾翅。其动作要点为右臂向上舒展扬起，亮开手掌，左臂则下压，整个动作看起来就像白鹤展开翅膀一样。

第八节 白鹤亮翅

1 接上式，两拳变掌，上下相对，身体重心左移。

2 向右转体，整体呈左弓步，左脚踩实，右脚脚跟着地，脚心朝外。双掌掌心相对。

3 右脚踩地，左脚上提并向右脚靠拢，准备向左前方跨步。

4 上半身向右转，右掌微微内旋，并置于左肩前方，掌心朝下；左掌则向外、向下至右胯位置，掌心朝上。左腿前迈变为仆步。

5 右掌向下翻掌，贴在左臂上方，此时双掌掌心朝下。

6 整体呈左弓步，上半身向左转，重心随之移动。

7 右腿上提向左迈至距左脚一步距离处，脚尖点地，左臂上举，横挡于面部前方，右掌向左臂拂去。

8 右掌沿弧线形路线向右下方划去，左掌姿势不变。

9 右掌从腹部前方沿弧线形路线向右划去。

10 身体微微右转，下蹲，然后右掌沿弧线形路线划向右下方。

第九节 斜行拗步

"斜者，侧也！拗者，逆也。侧身而行，断人之步。"此拳式是由守转攻的招数。"斜行"说的是身体方位，指上步时手臂、身体、下肢朝向斜前方。"正行"则与"斜行"相对。"拗步"说的是手与脚之间的配合，与"瞬步"相对。

1 接上式，左掌翻掌上举，右掌姿势不变。

2 向右转体，双掌随之转动。

3 右脚屈膝向上提起，左腿伸直，右掌翻掌向上，举至身体右前方，左掌翻掌下压至身体左肋位置。

4 双臂旋转，左臂向外，右臂向内，右脚下落至距左脚一步距离处。

5 左掌向上翻掌，托掌，右掌则向下、向内按压至腹部位置。左脚向左、向前迈一步，脚跟着地。

6 身体微微向右转，左掌举至胸前，竖掌，手指朝上，右掌向下按压。

7 上半身向右转，右掌伸至右后方，左掌按压至胸前，双腿呈右弓步。

8 右掌上抬，左掌下压。

9 左掌下压至身前略低于髋部的位置，右掌提至右耳旁，双掌继续画弧。身体重心左移，呈左弓步。

10 上半身向左转，左掌沿弧线形路线向左、向下划，右掌姿势不变，随身体转动。

11 左掌向前、向上抬起，直至左臂伸直且与地面平行，变掌为勾手，右掌则按压至胸前位置，掌心朝左下方。

12 右掌沿弧线形路线向右划，左手勾手姿势不变。

13 身体随右手边画弧边向右转，下半身姿势不变。

14 右掌沿弧线形路线向右划，直至手臂伸直，手掌朝向正前方。

15 身体下压，右掌竖起，手指向上。

第十节 提收

1 接上式，右掌向上竖起，手指朝上，下半身姿势不变。

2 左勾手变掌，双臂在头部前方伸直。

3 双掌分别向左、右两侧外旋画弧至腹部前方位置，双腿下蹲。

4 双掌翻掌，屈臂，双掌移至腹前。

5 向上站起，左腿收回至距离右脚一步距离处，然后两腿屈曲下蹲。

6 身体向右转，双臂随之转动，左脚踮起，脚尖着地，准备上抬。

7 左脚与双掌同时抬起，双掌手指朝前，左腿屈膝，脚尖朝下。

8 身体微向左转，双掌一起翻掌，双臂前伸，手指朝向身体左前方，左腿提膝上抬，脚尖朝下。

第十一节
前趟

1 接上式，左膝抬起，双臂伸直。

2 左腿向前落下后，脚跟着地，右腿屈膝，双臂同时下压至腹部前方。

3 身体向右转，双臂沿弧线形路线向右后方划，重心随之转移。

4 双掌移至右后方，一边移动，一边翻掌，沿弧线形路线划。

5 整体上呈左弓步姿势，双掌沿弧线形路线，从胸前向上划。经过胸前时，左掌心朝向身体，右掌心朝上。

6 身体向左转，双掌划至胸前，左掌托住右腕。

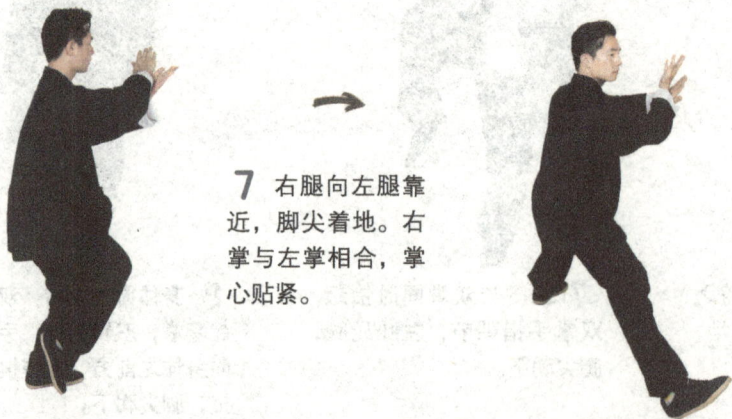

7 右腿向左腿靠近，脚尖着地。右掌与左掌相合，掌心贴紧。

8 右脚向前、向右迈，脚跟着地，左掌向外翻，右掌向内翻，在胸前相交。

9 身体重心右移，呈右弓步，右掌下翻，此时双掌掌心都朝外。

10 双掌一边打开，一边分别向左、向右沿弧线形路线划。

11 双掌外旋至与肩部齐平，双臂向外微屈打开，身体下压。

掩，是遮掩、庇护的意思。肱，指肘到肩的部分。掩手肱捶，意思就是遮掩躯干后用肘臂之力将拳打出。

第十二节 左掩手肱捶

1 接上式，双掌向两侧打开。

2 重心移至右侧，右掌向前呈探出之势。

3 屈膝提起右脚，脚尖朝下，左腿微屈撑地，右掌一边翻掌，一边变为拳，与左掌一起向内收，双臂相交于胸前，左掌放在右臂上方。

4 右脚向下，落地并震脚，然后抬起左腿前伸后落地，脚跟着地，右臂向前、向下伸直。

5 身体重心左移，呈左弓步，右拳变掌，双臂向外打开并抬至肩部高度。

6 重心落在右侧，双手翻掌，内旋，接着右掌变为拳，拳心朝前，左掌立起，掌心朝前。

7 双腿呈弓步，双肘屈曲，双手移至胸前，左掌翻掌，掌心朝向身体，右拳翻转。

8 右拳收回，做出拳准备，同时身体重心准备左移。

9 重心转移至左腿，变为左弓步姿势，右拳翻转向前方打出至右臂伸直且与肩部齐平，左掌向左肋位置收回。

该动作也被称为庇身捶，是因为两手的动作，多是围绕周身进行上下环绕，从而来保护全身。陈鑫先生称其为"披身捶"。

第十三节 披身捶

1 接上式，右拳向前伸出，左掌则向后收回。

2 左掌变为拳，向前打出，右拳翻转并收至右肋位置，拳眼朝外。

3 身体重心向右移，左拳收回，右拳向后摆。

4 左拳收至左肋位置，右拳向右前方出拳至右臂伸直，整体上呈右弓步姿势。

第十四节

背折靠

1 接上式，右拳向左侧翻转，左拳向右侧翻转。

2 右拳继续向左侧翻转，左拳继续向右侧翻转，至双拳的拳心都朝上，身体重心前移。

3 整体上呈左弓步姿势，然后左拳向左肋位置收，右肘屈曲。

4 身体向左侧转，右拳随之转向左侧，左拳保持不变。

5 右肘屈曲，右拳向上立起，左拳保持不变。

31

6 身体微微向右转，右肘向右上方抬至肩部齐高，拳心向下，左拳保持不变。

7 右肘继续向上抬至头部右侧，拳眼朝斜下方，然后左拳后翻，左肘朝前，双腿屈膝下压。

第十五节
青龙出水

1 接上式，左肘朝前，右肘朝上。

2 上半身抬起并向左转，下半身姿势不变。

3 身体重心左移，右拳上抬，左拳下压。

4 左拳向后、向上抬起至左臂伸直，拳心朝右，右拳向前、向下按压至右臂伸直，与左拳相对，双腿呈左弓步。

5 左拳朝内向面部方向收，右拳则向右肋位置收，左膝微屈。

6 左臂向下、向右划，上半身向右转并向前倾，身体重心向右、向前移。

7 右脚蹬地，变为右弓步姿势，右拳向前伸出，左拳收至腰侧。

8 右拳向上抬起，一直到肩部高度，左肩向前移。

9 左拳一边内旋，一边变为掌，向前、向右弹出，手部前两指伸直，后三指弯曲；右肘屈曲，右拳向左臂外旋收回。

10 左掌后收，右拳前移，下半身重心随出拳转移。

11 向左转体，变为左偏马步姿势，同时右拳快速向右膝前的位置内旋打去，保持肘部和腕部屈曲，拳眼倾斜朝内；左掌则以一样的速度快速收回左肋位置，拳心朝内。

第十六节 斩手

1 接上式，左拳向后收回，右拳向前伸出。

2 准备向左脚内侧收右腿，右拳变为右掌，准备向前划，左拳则轻抵左侧腹部位置。

3 右脚内撤至左脚内侧，注意脚尖着地，然后右掌准备向上翻掌。

4 右脚向右侧跨一步，脚跟着地，右掌则向上翻掌并抬至肩部高度，手指冲上，左掌则向内、向上翻掌，置于左肋位置。

5 身体向前移动，右脚做好向前迈出的准备。

6 身体向前移动，将重心放至右脚，双掌向下落。

7 左脚上提，左掌向左后方抬起，举过头顶，掌心朝内，右掌则下落至右肋位置。

8 左脚下落贴于右脚，双腿下蹲，左掌在身体前方下落，手指朝前。

第十七节
翻花舞袖

1 接上式，左掌手指朝前，右掌放平。

2 双掌向左上方抬起。

3 双掌下落至左肋位置，双腿屈膝半蹲。

4 双掌上翻，右腿抬起，右膝屈曲，然后左脚踩地，上跳，同时身体借由上跳之力右转180度。

5 双脚先后落地，左前右后，双膝微屈，将重心放在右脚。

第十八节 海底翻花

1 接上式，左掌向上竖起，右掌放平铺开。

2 左腿屈膝后撤至左脚距离右脚一步的位置，且脚尖着地，然后左掌向右后方撤，右掌向左掌上方撤，同时双掌变掌为拳，最终右拳悬在左腕上方。

3 左肘屈曲上抬至左手位于胸前，右臂则向后撤，同时伸直，最终右拳位于右胯位置。

4 左膝上提，脚尖朝下，左拳向外旋到左肋位置，左臂伸直，拳心朝上，右拳向右上方举起，拳心朝内。

第十九节 右掩手肱捶

1 接上式，左拳向后收回，右臂向上伸直。

2 右拳变为右掌，下落至胸前，左肘保持屈曲，左拳向右运动。

3 右肘保持屈曲，右掌上悬于左臂，左拳则下落至腹部前方，左脚下落。

4 左脚下落的同时迅速上抬右腿，上半身维持原姿势。

5 右脚抬起后，向右后方跨出一大步，变为右仆步姿势，左腿则屈膝下蹲。

6 身体重心右移，变为右弓步，双臂由下向左右两侧打开，并抬至与肩部齐高，左拳拳心与右掌掌心均朝后。

7 身体重心左移，呈左弓步。双臂向上内旋至胸前，伸直，左拳拳心与右掌掌心均朝下。

8 身体重心稍稍向右移动，右肘屈曲，左拳向胸部位置收回，右掌沿弧线形路线内收至右肩位置。

9 右掌向右肋位置迅速收回，掌心贴于肋部。随转体之势，左拳后拉，然后快速向前打出，且与肩部齐高，手臂微屈。

左六封四闭

1 接上式，左拳向前出拳，右掌轻抚肋部，双腿呈右弓步姿势。

2 左手由拳变掌，下按，右手姿势保持不变。

3 左掌下按至腹部右侧，右掌则向上抬至左手上方，双手手背相对。

4 双手手背相抚，向左上方画弧，身体重心随双臂转移。

5 上半身随双臂左转，双掌转至身体左上方，双腿呈左弓步姿势。

6 双掌分开，右掌向前翻掌，双掌左前右后，然后同时下抚。

7 一直向下抚至腹部前方，身体重心随掌右移，呈右弓步姿势。

8 左脚靠向右脚，脚尖朝下悬起，准备前迈，然后向右转体，双掌右抚。

9 左脚朝右前方跨一步，脚尖着地，左臂伸直，左掌上翻，停于腹部前方，右掌上抬并向右后方收。

10 左臂屈曲，左掌上举，与肩齐高，掌心朝上，右掌向后移动。

11 向右转体，右臂屈曲，右掌上抬至与肩齐高，双脚脚跟同时转向。

12 视线跟随右手，右膝屈曲，左脚尖着地。

13 调整双腿为左弓步姿势，双掌由上向内旋。

14 双掌经由胸前向前下方推，右腿向前收至右脚距离左脚一步距离处，脚尖着地，双膝同时屈曲。

15 双掌向前推至身体前下方，双臂屈曲，双掌虎口相对，下半身姿势不变。

1 接上式，双掌向前推至前下方，双膝屈曲，左脚在前，右脚在后。

2 右臂屈臂上抬，左臂屈臂向下，左掌向上翻掌，双掌最终悬于腹部前方呈"抱球"状。

3 右掌向前推后向下收，左掌收回的同时下翻，双掌呈"抱球"状。

4 右掌向后收于腹部前方，左掌则上举变为勾手。

5 左臂上举伸直，左勾手朝下，身体随手方向前移。

6 提右脚，准备向右迈步，双眼准备望向右侧，上半身姿势保持不变。

7 右脚向右后方迈步，整体上呈右弓步姿势，上半身姿势保持不变。

8 接着，身体重心左移，呈左弓步，右掌向前、向上移动。

9 右掌向上移动至肩部高度并翻掌朝右。

10 下半身呈右弓步，右掌外旋向右侧画弧，手臂推掌伸直，与肩齐高，左臂同样伸直，左手仍为勾手，右手仍为掌。

11 右掌立掌，微微下抚，沉肩坠肘，身体下压。

在这一式中，双臂如白云在空，延绵不绝地来回交替循环，因此以该名字命名。

第二十二节 右云手

1 接上式，左勾手，右推掌。

2 左勾手变掌，接着抚向右侧，手指朝左。

3 右脚上提靠近左脚至相距左脚一步的距离，脚尖着地，双膝微屈，左掌向右转动，拇指与其余四指分开朝左，右掌翻掌朝前。

4 右脚右迈一步，脚跟着地，左膝微屈，右腿伸直，调整为左弓步姿势，然后双掌做好向左推掌的准备。

5 右脚踏实，双掌向身体左侧推掌，手指朝右上方。

6 双掌边划向身体右侧边翻掌，身体重心也随之向右转移。

7 双腿呈右弓步，左掌沿弧线形路线下划，右掌则向前翻掌，移至胸前。

8 左脚提起，移向右后方，脚掌着地，随之左掌外旋，沿弧线形路线左划至腹部右前方，手指朝前。

9 右脚向右后方迈步，右腿伸直，左膝微屈，变为左弓步姿势，上半身微微向左转，同时左掌沿弧线形路线向身体左侧上划至略比肩高，手指朝右上方，右掌则沿弧线形路线向腹部左前方下划，手指朝前。

10 身体呈右弓步姿势，慢慢向右转体。右掌随之内旋，掌心向下，同时左掌外旋，掌心向上。

11 双臂屈肘经胸前向右画弧平摆，下半身姿势不变。

12 左肘屈曲，左掌掌心向上；右肘屈曲，右掌悬于左前臂上方。

13 右臂向前、向上伸出，掌心朝上，左臂准备经内侧绕至右上臂上方。

14 身体上挺，提右膝，右脚向内扣，双膝屈曲。

15 右腿向上提起，脚尖朝下，左腿伸直，左掌向左前方横击，右掌则向右肋位置收回。

第二十三节 左云手

此式处同右云手，区别在于方向上相反。

1 接上式，左掌向前推出，右掌则向后方收回。

2 右脚向左脚靠近落下，右掌向前移动。

3 左掌向下压，右掌则上抬至肩前，左脚提起，脚尖朝下。

4 左脚向左跨出一步，变为右弓步姿势，右掌右翻，双掌都向右推掌，左下右上，手指都朝左。

5 身体稍稍向左转，左脚着地，左膝微屈，右脚移至左后方，前脚掌着地。同时左掌内旋，沿弧线形路线，经左前方向胸部位置划去，右掌下翻，沿弧线形路线向腹部左侧划去，手指朝前。

6 左脚向左后方迈步，左膝伸直，右膝屈曲，变为右弓步姿势。身体稍稍向右转，右掌从胸前位置向外、向右沿弧线形路线划至身体右上方，左掌向下、向右沿弧线形路线划至身体右下方。

7 左掌收回至胸前，右掌则沿弧线形路线向右下方划，直至右臂伸直，手指朝右下方，身体重心左移，呈左弓步。

8 身体稍稍向左转，左掌向左翻掌画弧，下半身姿势保持不变。

9 身体重心回正，左掌向左推至左臂伸直，手指朝上。

此式从外形看，就像人站在马镫之上，向远处探看道路，故得此名。

第二十四节 高探马

1 接上式，右掌收至后方。

2 双掌在胸前相交，左掌搭在右腕上，手指朝前，右掌心朝上，右脚靠近左脚内侧，上提。

3 右脚向右侧跨一大步，右腿伸直，左膝微屈，变为左弓步姿势。

4 上半身稍稍向左转，双掌向胸前收，右掌在外，掌心朝左下方，左掌在内，掌心朝右下方。

5 上半身转向正前方，同时双手内旋，掌心朝外，指尖相对。

6 双掌在身体前方向两侧打开，双肘微屈，双腕与肩齐高，手指微朝上。

7 双掌向上竖起，手指冲上，微微下蹲。

8 身体向右转，双掌上翻，然后右掌摆向右后方，手指微朝上，双眼看向右掌。

9 身体向左转，左脚靠向右脚，脚尖着地，双臂收回。

10 左掌向左肋位置收回，右掌向前推出，直至右臂伸直，竖掌，双眼看向右掌。

第二十五节 右连珠炮

1 接上式，左手在腹部位置托掌，右臂伸直，右掌向上竖起。

2 上半身微微右转，右手下翻，掌心朝内。左臂内翻，掌心朝内。

3 双掌上翻，双腿半蹲。

4 身体向左转，右掌向左画弧，手指朝左前方，左臂屈曲，左掌上抬至胸前。

5 身体右转，双掌同时向下翻掌，双臂相交于胸前，右臂与肩齐高，左手搭在右前臂上，掌心均朝前。

6 身体向右转，左腿左迈，脚尖着地，双臂向右伸出，右臂伸直，左掌搭在右前臂内侧，掌心朝右。

7 身体后坐，双腿下蹲，双掌下压，双手手指朝右上方，置于腹部前方。

8 上半身稍稍向左转，重心左移，呈左弓步，双掌向左上方画弧。

9 双臂屈曲，双掌抬至胸前，右脚提起准备迈步。

10 双掌划至左上方，掌心相对，右脚向右侧迈步，脚跟着地。

11 身体重心向右转移，右掌向胸前收回，左掌向腹部位置收回，左掌掌心朝下，右掌掌心朝左下方。

12 身体重心继续向右转移，变为右弓步姿势，上半身向右转，双掌翻掌向右，左掌贴放于身体左侧，右掌横挡在胸前。

13 左脚向右脚位置靠近，双膝微屈，双掌右推，左掌变为竖掌，右掌为横掌，掌心均朝前。

14 左脚向左侧迈步，调整为右弓步姿势，双掌同时推向右后方，掌心均朝右下方。

15 身体重心向左转移，双掌随之移至右侧，同时左掌变拳，拳心朝内，右掌心朝外。

16 右脚抬起，准备向右侧迈步，重心位于左腿，双掌上抬至胸前，同时左拳变掌，掌心朝内，指尖朝下，右掌心朝上，指尖朝右。

17 右脚向右侧迈步，变为左弓步姿势，双臂向左摆，双掌向左翻，掌心均朝左，左掌在前，右掌在后。

18 重心向右移，双膝屈曲，双掌下压至腹部前方，掌心均朝下。

19 整体调整为右弓步姿势，双掌在胸前向右翻，掌心均朝下，左掌位于左肋前方，右掌横放在胸前。

20 左脚靠向右脚，双腿下蹲，双臂伸直向右侧推掌，左掌为竖掌，指尖朝上，右掌为横掌，指尖朝前。

第二十六节
左连珠炮

1 接上式，双臂向右摆，双腿下蹲。

2 双臂由右侧向左下方摆，双腿重心随之向左转移。

3 右脚后跨，脚尖着地，双掌上翻，置于身体左上方，左臂伸直，右臂屈曲，掌心均朝前。

4 身体向右后方转，双腿分开伸直，双臂向左摆至身体左上方，左臂伸直，右臂屈曲。

5 双臂下摆至腹前，左臂伸直，右臂屈曲，掌心均朝下，右腿微屈，左腿伸直。

6 双臂上摆至胸前，左掌上翻，右掌收回，掌心朝内，左脚尖着地。

7 重心右移，左脚左跨，脚跟着地，双臂右摆，双掌竖起。

48

8 身体重心左移，呈左弓步，双掌收于身体右侧，左掌贴于胸前，右掌贴于右肋。

9 右脚向左脚靠近，双掌向左推，手臂伸直，双掌掌心都朝左，左手指尖朝右，右手指尖朝上。

10 右脚向右侧跨步，右腿伸直，呈左弓步，双掌下摆至左下方。

11 整体调整为右弓步姿势，双掌后收，左掌上翻，右掌收至胸前，掌心朝内。

12 双臂上摆至胸前，右掌心朝内，左脚尖着地。

13 整体调整为右弓步姿势，双掌收于身体右侧，左掌贴于胸前，右掌贴于右肋。

14 重心右移，左脚向左跨，脚跟着地，双臂向右摆，双掌竖起。

15 右脚向左脚内侧迈步，双掌向左推至双臂伸直，左手指尖朝前，右手指尖朝上，双掌掌心均朝左。

第二十七节

闪通臂

此式名字比较形象，腰椎似扇子的扇轴，双臂似扇子的扇面，随着腰部转动，双臂向两侧横向打开，就像扇子打开一样。

1 接上式，双臂左摆，双膝微屈。

2 左掌伸直，翻掌向上，右掌下压，收至右肋位置。

3 左脚向左侧跨步，脚跟着地。

4 左脚踏实，重心左移，左掌下翻，右掌上翻。

5 重心移至左腿，呈左弓步，左掌后收至左腿上方，右掌前伸。

6 右掌翻掌朝前，手指朝上，下半身姿势保持不变。

7 右掌朝左横举，变为右横掌，掌心朝前，左掌上翻。

50

8 双掌同时朝右侧画弧外摆。

9 双掌继续向右摆，以左脚为中心，身体向右后方转180度。

10 右脚踩地，然后扫向左脚的左后方约30厘米处，脚跟着地，同时双臂朝右侧摆，掌心均朝右。

11 双膝微屈，身体重心位于右腿，同时身体回正，左掌摆至身体左侧并在左臂伸直后竖掌，右掌向右腿位置下压，双眼看向左掌。

第二十八节 指裆捶

1 接上式，左掌上翻，右臂下压。

2 左掌沿弧线形路线向右肩前方划并变为竖掌，掌心朝右，右掌则变为右拳，双腿下蹲。

3 右脚提起，身体直立，右拳横挡在面部前方，左手指尖轻抚右上臂内侧。

4 身体稍稍向右转，右脚下落至左脚内侧，双膝微屈，双腿半蹲，双肘屈曲，前臂相叠，随即右拳向下出拳至右臂伸直，左掌在上，右拳在下，左掌为竖掌，掌根轻抚右上臂内侧。

5 左腿上提，身体下蹲，左脚跟着地，铲向身体左前方。

6 身体重心左移，左腿屈，右腿伸直，呈左弓步，双臂向两侧打开，左掌至身体左前方，右拳至身体右前方。

7 整体调整为右弓步姿势，左掌上抬，与肩齐高，掌心朝右，右拳上抬至胸前，拳心朝内。

8 右膝微屈，左掌和右拳均收回。

9 身体重心左移，整体调整为左弓步姿势，右拳打向左前下方，拳心朝下，左掌向左肋位置收回。

第二十九节
白猿献果

1 接上式，左掌向左肋位置收回，出右拳。

2 左掌变拳，抵于左肋处，左肘朝左前方，右拳向上画弧。

3 整体调整为右弓步姿势，右拳接着向右上方画弧，左拳翻拳。

4 右膝完全屈曲，左腿伸直，右拳继而沿弧线形路线向右腿右部划，与右膝齐高，拳眼朝上。

5 整体调整为左弓步姿势，右拳从右下方向左撩，左拳保持位置不变。

6 身体继续向左转，右膝上提，左腿撑地，右拳沿弧线形路线，从腰部向前、向上划至右肩前方。右肘屈曲，右拳略比肩高，拳眼朝右。

第三十节 双推掌

1 接上式，右肘屈曲，左拳下压。

2 左腿微屈，右脚向右前方迈步至右腿伸直，脚跟着地，双拳变掌。

3 身体稍稍向左转，双臂向两侧打开。

4 整体调整为右弓步姿势，双臂屈曲内合，双手掌心相对。

5 身体稍稍向右转，左脚前迈至距离右脚一步的位置，双膝微屈，双腿开立，双掌向前翻。

6 双臂伸直，双掌向前推。

"中盘"一式，是陈发科在授拳中，逐步在套路中增加的三式之一，意同"退步压肘"。

第三十一节 中盘

1 接上式，双掌向前推。

2 上半身稍稍向左转，双膝微屈，左掌向后收回，手指朝右上方，右掌上翻，手指朝前。

3 上半身稍稍向右转，右掌向后收回，手指朝左上方，左掌向前推出。

4 左掌上翻后收，右掌下翻并用指尖轻抚左臂内侧。

5 上半身稍稍向左转，右掌横掌向前推，左掌向胸前收回。

6 右掌上翻，右臂稍稍屈曲，左掌下翻，同时轻抚右臂内侧。

7 上半身稍稍向右转，左掌横掌向前推，右掌向胸前收回。

8 左掌向后收回，双臂在胸前交叉，左掌在前，右掌在后，左掌心朝右下方，右掌心朝左上方。

9 左掌横掌向下按压，并向腹部前方收回，指尖朝右，右掌翻掌上抬至胸前，指尖朝左。

10 左膝上提，右腿撑地，双掌分别向相反的方向后摆，左掌摆向左下方，右掌摆向右上方。

11 左脚靠近右脚下落，右掌沿弧线形路线向右下方划，左掌则向左上方抬。

12 右脚上抬，准备向右侧跨步。

13 右脚向右跨出一步，呈右仆步，双臂内合，于胸前位置交叉，左腕搭于右臂上方，左掌心朝右，右掌心朝上。

14 上半身稍稍向左转，双臂向左下方前倾。

15 整体调整为右弓步姿势，双臂向右上方摆。

16 上半身稍稍向右转，右臂向右上方甩，左掌轻抚右臂内侧。

17 左掌向左下方按压。

前招

第三十二节

1 接上式，右掌向上举起，左掌下压。

2 右掌翻掌，掌心朝上。

3 整体调整为弓步姿势，右掌向左上方摆。

4 上半身稍稍左转，右掌随之继续向左上方摆。

5 身体重心向右移，右臂屈曲，右掌横掌向后收回，掌心朝外。

6 左脚上抬，向左前方跨，右掌后摆。

7 左脚尖着地，左膝屈曲，右掌摆向右上方，左掌摆向左下方，掌心均朝前。

侧面

第三十三节 后招

1 接上式，右掌摆向右上方，左掌摆向左下方。

2 身体向后坐，左脚跟着地，左手沿弧线形路线向右上方划去，右手则向右下方划去。

3 上半身稍稍向右转，重心左移，呈左弓步，左掌沿弧线形路线，经胸前向上、向左内旋，右掌则从胸前划向右下方。

4 向左转体，右脚上抬，向左脚内侧靠近，脚尖着地，双臂随之转动，左掌向前翻并移至额头左前方，掌心朝外，右掌向下划。

5 右脚前迈，变为右虚步。右掌向右膝上方画弧，手指朝下。

第三十四节 右野马分鬃

在该式中，人的躯干就像马的头部，手脚则为马鬃，双手的摆动与双脚的变步就像奔跑中烈马的鬃毛随风飘动，因此得名。

1 接上式，调整为右虚步姿势。

2 身体重心右移，呈右弓步，右手沿弧线形路线向左上方划，经过胸前时内旋，左手则向左腿位置内旋、下划。

3 上半身向右转，左手沿弧线形路线，外旋划向右上方，在胸前位置变为内旋；右手则沿弧线形路线，外旋并划向右膝前方。

4 上半身稍稍向左转，提右膝至与腹部齐高，脚尖朝下，左掌下划至肩部左侧，右掌向上托掌至膝部上方，悬臂，掌心朝上。

5 右脚向右迈，脚跟着地，上半身姿势保持不变。

6 上半身向右脚方向移动，整体调整为右弓步姿势。左臂稍稍外摆，手指朝上，掌心朝外；右掌划向右上方，直至指尖与鼻部齐高。

第三十五节 左野马分鬃

1 接上式，双掌向两侧打开。

2 上半身稍稍向左转，将身体重心移至左脚，变为左偏马步，双臂向左侧摆，掌心均朝左前方。

3 上半身向右移动，身体重心也随之转移，变为右偏马步，双掌向右摆。

4 提左膝至腹部高度，脚尖朝下，同时右掌内旋，沿弧线形路线划向身体右侧，手指朝左上方，左掌则外旋，划向左膝前方。

5 左脚着地，身体重心也随之移至左腿，变为左偏马步，右臂外展，左掌划向左上方，直至指尖与鼻部齐高。

第三十六节 摆莲跌叉

1 接上式，左掌向上举起，右臂伸直并向左侧划。

2 右掌沿弧线形路线，向左侧划，贴向左掌下方。

3 身体重心逐渐向右转移，双臂同时向右侧摆。

4 身体向右转，呈右弓步，双掌摆至右侧，右手掌心朝前，左手指尖搭在右臂上。

5 双臂向右下方摆，双手掌心朝下。

6 身体重心逐渐左移，上半身稍稍向左转，双臂向左、向下摆。

7 整体调整为左弓步姿势，上半身向左转，双臂接着向左摆，右手掌心朝上，左手掌心朝下。

8 双臂继续向左上方摆，掌心均朝前。

9 左脚抬起，收至右脚内侧，双臂上摆，掌心朝右。

10 上半身右转，双臂右摆，双手掌心朝前，手指朝右上方，右膝提至与腰部齐高，脚尖朝下。

11 右腿向右摆，双掌向左推，掌心向前。

12 身体向左转，右脚下落至左脚内侧，双掌变为拳，左拳位于胸前，右肘搭在左腕上，右拳拳心朝上。

13 左脚前迈，脚跟着地，屈右膝，左拳上翻并屈左臂。右拳上翻并举至头顶上方偏右的位置。

14 左脚前迈，右膝着地，双腿落地，左脚向前铲，左拳随之向前伸，拳心朝上，右拳举至右后方。

第三十七节 左右金鸡独立

1 接上式，双腿落地，右拳向上举，同时左拳向前伸。

2 右脚内侧和左脚跟撑地，提左膝，起身。

3 双拳变为掌，左掌心朝下，右臂向右后方下摆。

4 右膝提至与腰部齐高，同时左掌下压至左肋位置，保持肘部屈曲，右掌上托至右额前方。

5 右掌上翻，上举至头顶上方偏右的位置，指尖朝后。

6 右腿朝距左脚一步距离的位置放下，右掌向右肋位置下压。

7 身体重心向左移，双臂向右、向下摆，指尖随之朝下，掌心朝后。

8 双掌一起前翻，手指均朝右，提起右脚。

9 向右侧迈步，屈左膝，调整为左弓步姿势，身体稍稍向左转，双掌向左下方摆。

10 左腿伸直，右腿屈曲，调整为右弓步姿势，双掌向右摆。

11 身体稍稍向右转，左膝抬至腹部高度，脚尖朝下，左掌翻掌，左臂屈曲，托掌于左额前方，右掌向下划至右胯位置。

12 左臂向上伸直，左掌上翻举至头顶上方偏左的位置，指尖朝后。

该式也被称为"倒撵猴"，因为做该式时，就像与猴子在搏斗一样：以退为进，引猴子靠近，然后再利用机会击打猴子头部，将其撵走。在这里，肱是手臂的意思，在此式中，手臂会向后方倒卷，因此得名"倒卷肱"。

第三十八节 倒卷肱

1 接上式，右脚保持撑地姿势，左掌向上举，右掌向下压。

2 左脚向左后方下落，双腿屈膝下蹲，左掌下压至左肋位置，右掌横挡并上举至胸部前方。

3 右掌向前推出，并稍稍向右摆臂。

4 双臂在身体两侧伸直，双手掌心均朝上。向左转体，右腿前迈一步，蹬右腿，屈左膝，双臂随身体转动。

5 身体向右转，右脚向左后方迈步，调整为左弓步姿势，左手翻掌向前推，右掌下翻，后收于右腿上方。

6 上半身稍稍向右转，双臂在身体两侧伸直且与肩部齐高。

7 双掌同时翻掌，掌心均朝上。

8 身体向右转，左腿前迈一步并伸直，右腿屈曲，双臂随身体转动。

9 身体向左转，左脚向右后方迈步。右肘屈曲，右掌从右耳一侧向前推，掌心朝前，左掌下翻，后收于左肋位置。

第三十九节
退步压肘

1 接上式，右掌翻掌，右臂收回。

2 上半身向左转，重心随之移动，变为左弓步姿势，左臂向身体左前方伸，手掌与胸部齐高，右掌内旋于右胸前方。

3 向右转体，身体重心随之右转，然后双臂水平向右摆。

4 右肘屈曲，内收于胸前，掌心朝下，左臂同样内收于胸前，掌心朝上，双臂交叠且右臂在上，左臂在下。

5 身体向右转，同时左脚向右脚的后方迈一步，双臂随之转动。

6 身体继续向右转，右脚向右后方迈步，双腿屈膝下蹲，左掌横掌并迅速向左前方击出，右掌后收于右肋位置。

第四十节

擦脚

1 接上式，整体调整为右弓步姿势，同时左掌向下按压。

2 左掌沿弧线形路线向右胯前方捋去。

3 身体重心左移，呈左弓步，左掌横掌并向左上方摆，右掌翻掌并向右下方摆。

4 右脚向左前方迈步，左臂屈曲内旋，向胸前横劈，右臂同样屈曲，与左臂在胸前相叠。

5 双膝屈曲，下蹲，左脚脚尖着地，身体重心转移至右腿。

6 立身站起，双手分别向两侧画弧。

7 右腿蹬地发力，左脚向前、向上踢，绷脚，双腿伸直。右臂向右侧打开并抬至与肩部齐高，掌心朝外，左掌在左脚踢出的时候，击打脚面。

第四十一节 蹬一根

蹬一根即蹬一脚，是陈氏太极拳腿法练习中的脚踹动作。应用该式时，以足蹬击敌方。

1 接上式，左腿下放，屈膝，脚尖朝下，双掌下划。

2 向右转体，左脚下放，脚尖挨地，双臂屈肘收向胸前。

3 继续向右转体，右腿向右屈膝，左腿打开，双臂屈肘上抬。

4 双掌同时向外旋，沿弧线形路线向下、向内划，右腿向左侧收回。

5 双腕在腹部前方交叠，左腕在上，右腕在下，掌心朝上，手指朝前。

6 身体重心位于左腿，蹬地发力，右脚内扣，准备向右踢。双掌变拳，拳心向内。

7 右脚向右踢，右腿伸直且与腹部齐高，脚尖朝前。左臂向左上方展开，撩拳，右臂向右下方展开，撩拳。

第四十二节 海底翻花

1 左腿蹬直，右腿收回，右膝与腹部齐高，脚尖朝下，双拳于腹部左前方交叠，右腕搭于左腕之上，拳心朝下。

2 身体向右转，左臂伸直上摆至左拳位于头部左上方，右臂伸直下摆至右拳位于右胯右侧。

掩手肱捶、击地捶和指裆捶都属于陈氏太极拳五捶，皆以拳发力。

第四十三节
击地捶

1 接上式，左拳向上举起，右拳向下按。

2 右腿向前蹬腿，脚跟着地，左拳向下落。

3 右脚踩实地面，身体前倾，重心位于右腿，左脚脚尖着地，左拳收至左肋位置，右拳向前上方出拳至右臂伸直。

4 左脚向前迈步，身体向上跃起，右脚抬起，准备前迈。右拳屈肘收回，左拳后摆。

5 右脚脚跟着地，向右前蹬出，左拳沿弧线形路线，从左后方向左肩前方划至高于肩部的位置，右拳则向下划。

6 重心移向右腿，右脚踩实地面，呈右弓步，然后向右转体，双臂随之内旋，右拳上举至右耳旁，左拳向前、向下打出栽拳并最终与腹部齐高。

第四十四节
翻身二起脚

1 接上式，双拳朝下，呈右弓步。

2 调整身体重心，变为左弓步姿势，左拳后撤至左耳旁，右拳向右下方打出至右臂伸直。

3 身体向左转，左脚转向左侧，绷直，重心在后，右膝屈曲，左拳摆至左胯旁，右拳摆至右上方，双臂伸直。

4 身体重心位于左腿，左腿蹬直，右脚脚尖着地，左臂向后摆，右拳向内翻。

5 右脚向前迈步，脚跟着地，左臂向前、向上摆，右臂向后摆。

6 右脚踩实地面，身体重心位于右腿，上半身前倾，左脚脚尖着地，左拳变左掌，朝腹部前方下压，右拳变右掌，朝头部右侧上摆。

7 向上提左膝，右脚蹬地，准备使身体腾空。

8 右脚向前、向上踢至与胸部齐高，右掌拍击右脚脚面。左掌向上、向左画弧至与肩部齐高。

9 身体向下落，左脚先着地，站稳后右脚准备下落。

10 右腿下落至右膝与腰部齐高，右脚下垂，左掌向左伸，右掌向前伸。

第四十五节 双震脚

1 接上式，左脚下落后，右腿下落至右膝与腰部齐高。

2 右脚继续下落，还未完全落地时，左脚踩地发力，身体向后跳，双掌向身体两侧打开至双臂伸直且与肩部齐高。

3 右脚先着地，双掌向身体两侧按压。

4 左脚跟着地，落在右脚后方，双掌翻掌，托至腹部前方。

5 双掌上举至胸前，左脚支撑身体。

6 双掌翻掌，向腹部前方下压。

7 双掌再翻掌，提右膝，左腿蓄势蹬地，身体向上跳。

8 双掌用裹的动作托至胸前，右腕略高于肩部，左手放在右臂内侧。

9 左脚先落地，双掌在左脚落地时下翻。

10 接着右脚向下落，双手向腹部前方按压，左掌位于右臂内侧。

侧面

第四十六节 蹬脚

1 接上式，双掌向下按压，双膝屈曲。

2 左腿支撑身体，右膝上提，双掌随之上抬至右腿上方。

3 右腿迅速伸直前踢并用脚跟进行击打。前踢的高度应超过腰部，右掌竖起前推，手腕与肩部齐高，左掌架在头顶上方偏左的位置，左肘微屈。

第四十七节 玉女穿梭

1 右脚向前落下，脚跟先接触地面，身体重心向前转移。双手跟随下翻。

2 右脚踩地发力的同时，左脚向前摆，带动身体向上跳起并在空中向右转，然后左脚落地。双臂向上屈肘。

3 右脚下落时，插向左后方，双膝微屈，左掌接着快速竖掌左推，右臂屈肘并向右侧移动至右掌位于右肩前方，右掌翻掌且掌心朝前。

1 接上式。

2 以左脚跟为轴，身体向右转180度，双脚踩实地面，身体重心位于右腿，双臂随之摆动。

3 上半身向右移，然后右臂向下划，左臂向上划，右脚先向上抬，后向前蹬出。

4 上半身向右移，双臂在胸前位置交叠，左臂在上，右臂在下，左掌为竖掌且掌心向右，右掌掌心向上。

5 屈双膝，髋部下沉，重心偏左，双臂在胸前交叠，变掌为拳。

6 上半身迅速向右转，双臂屈曲，从两侧分别向后方顶肘。髋部下沉，变为马步姿势。

裹鞭炮

1 双拳相对，位于胸前，下半身为马步姿势。

2 左拳向右胸前收，拳心朝内抵住右胸，右拳朝左下方打出。

3 右拳向右上方摆至头顶上方，拳心朝外，左拳则向左膝前方打出。

4 左脚蹬地，身体向右转体90度，提右膝，右脚准备向后方迈步。左臂伸直。

5 右脚落于左脚前方，左腿屈曲。左拳从左上方开始向右下方摆，右拳则先朝下摆，再朝右上方摆。

6 左脚向左前方迈步，重心位于右腿，右臂向右下方摆，右拳压在左腕上，双手拳心朝下。

7 身体重心稍稍向左移，双腿呈马步姿势，双臂向两侧微屈打开，拳心朝上。

第五十节 雀地龙

1 接上式，双臂向两侧打开，双腿呈马步。

2 右脚踩地，上半身向右转，左拳随之沿弧线形路线，向下、向右划，然后恢复马步姿势，左臂向右侧伸直，右臂收至胸前。

3 身体向左转，调整为右仆步姿势，左拳沿弧线形路线，向左、上方划至左肩前上方，右拳姿势保持不变。

4 左膝完全屈曲，身体向下坐，右拳经左臂内侧、大腿内侧向前方打出。

第五十一节 上步七星

1 接上式。

2 身体重心右移并前倾，呈右弓步姿势，右拳上举至与肩部齐高，左拳下落至与腹部齐高。

3 身体向右转90度，左脚向前迈，脚尖着地，左腿伸直，重心位于右脚，左拳前伸，右腕放在左腕后方。

4 双拳一起向内侧、下方、前方绕圈，然后变为双掌，向外撑出。

5 双掌再变为双拳，从胸前开始，一起向外侧、下方、内侧绕圈，最后掌心朝内。

第五十二节 退步跨虎

1 接上式，双拳搭腕前伸，左腿在前，右腿在后。

2 左脚向右脚内侧撤，脚尖着地，双拳变为双掌，掌心朝外。

3 上半身不动，左脚向左后方迈步。

4 双膝屈曲，重心下降，身体向左转，双掌在身体两侧下压至双膝前上方，掌心朝下。

5 双臂向两侧打开并上抬至与肩部齐高，双掌掌心均朝外。

6 右脚向左脚靠拢，脚尖着地，左掌则沿弧线形路线，向右上方外旋画弧，然后在左胸前方立掌，左腕与肩部齐高；右掌则沿弧线形路线，先向下、后向左划，一直到左臂内侧，手指朝上。

第五十三节
转身摆莲

1 接上式，上半身向右转，左掌前推，右掌下按。

2 左脚外旋，踩地，上半身稍稍向左转，左臂上举并外旋，左腕朝左，右掌向身体右侧下压。

3 身体向左转90度，右膝上提至与腰部齐高，左掌朝外翻、朝上摆，右掌随之转动。

4 身体继续向左转90度，然后右膝向左上方提，双臂随之转动。

5 右腿下落后前迈一步，脚跟着地，屈左膝，整体调整为左弓步姿势。

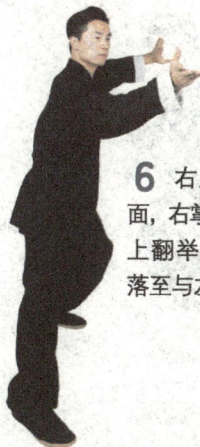

6 右脚踩实地面，右掌向前、向上翻举，左掌下落至与左肩齐高。

7 上半身向左转，双臂向左侧画弧平摆，最终左掌位于肩部左前方，右掌位于胸部左前方，指尖均朝右。

8 左脚收于右脚内侧，双腿稍稍屈曲，左脚点地，双掌向右侧收。

9 重心全部移至右腿，下半身呈右独立步。

10 左腿沿弧线形路线，朝右侧、上方、左侧划，当脚尖与胸部齐高时，用右手、左手先后击打左脚。

11 下半身恢复为右独立步，双臂向右摆。

第五十四节 当头炮

1 接上式，双臂向右摆，下半身呈右独立步。

2 左脚向左迈一步，身体重心右移，上半身稍稍向右转，双手右推且保持与胸部齐高。

3 身体重心向左移，双掌向下按压。

4 整体调整为左弓步姿势，身体稍稍向左转，双掌沿弧线形路线，向下、向左画弧，并最终由掌变拳。

5 重心移至右腿，双腿下蹲，上半身稍稍向右转，双拳朝右打击，拳心朝里。

第五十五节
左金刚捣碓

1 接上式，双拳相对，拳心朝里。

2 双拳变为双掌，向后翻掌，指尖朝右上方。左腿屈膝下压。

3 左脚踩地，上半身向左转，双臂向左摆至身体右前方。

4 双臂由身体右前方继续朝身体左侧摆，同时上半身向左转，而后双掌下压。

5 右掌变横掌，右臂向身体右侧摆，左臂姿势不变。

6 身体向右转，左脚前迈，整体上调整为左虚步姿势。左掌外旋前撩，右掌向后收回且置于左前臂上。

7 左掌变为左拳，上举至与下巴齐高，右掌则下落至腹部前方，提左膝。

8 左拳向下冲右掌砸去，砸掌的同时左脚向下震脚，与右脚保持20厘米的距离。双腿屈曲下蹲。

79

1 接上式，左拳砸在右掌上，双脚开立下蹲。

2 右掌将左拳上托，然后左拳变左掌，双掌向内立掌，双腕轻靠，右掌在外，左掌在里，呈十字手。

3 双臂内旋前伸，双掌向下翻且与肩部齐高。

4 双腿直立，双掌朝两侧缓慢落下。

5 左脚撤向右脚，站直，双眼向前看，恢复成初始姿态。

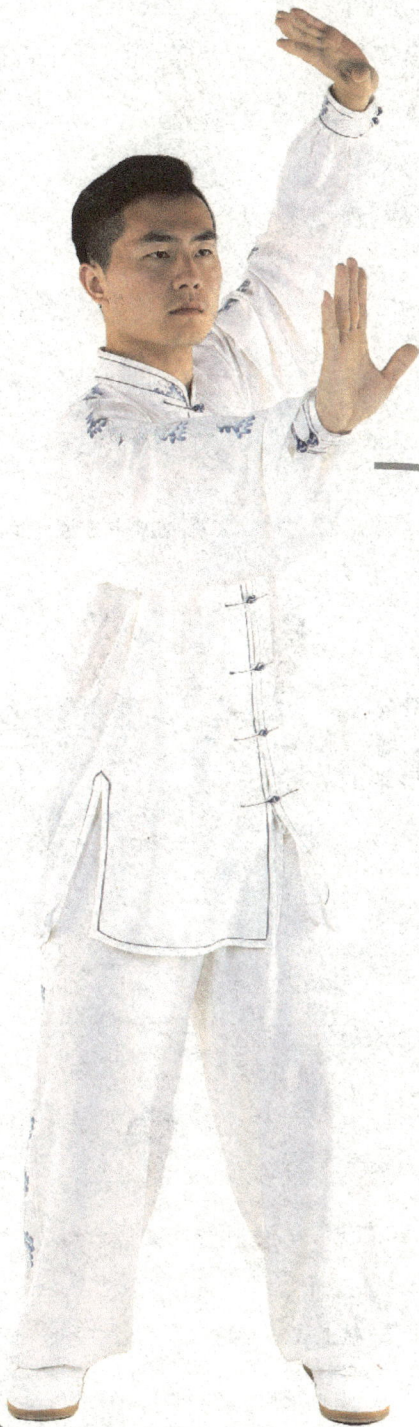

第三章

杨氏24式太极拳

第一节 起势

1 双脚并立，双臂垂于体侧，平视前方。

2 左脚向左迈一步，双脚开立。

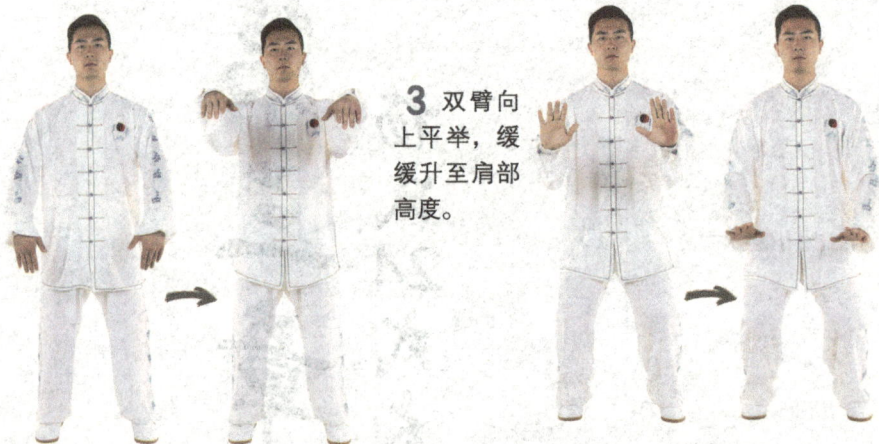

3 双臂向上平举，缓缓升至肩部高度。

4 双腿屈膝微蹲，双掌缓缓下落至腹部前方，手指朝前，平视前方。

第二节 野马分鬃

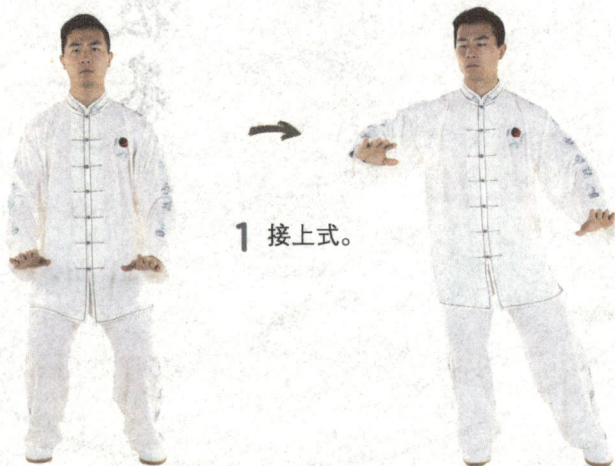

1 接上式。

2 右臂在胸部前方水平屈肘，左掌沿弧线形路线向左划，重心右移。

3 右掌向左划至与肩齐高，左掌翻掌向上并向右划至腹部前方，双掌相对，如"抱球"一般，同时左脚贴向右脚，目视右前方。

4 左脚向左迈一步。

5 目视左前方，上半身向左转，左脚跟着地。

6 上半身保持竖直，左脚踩实，下蹲的同时重心左移，双掌收至胸前。

7 左掌向左上方划，右掌向右下方划，重心继续左移。

8 左掌上划至与颈齐高，右掌下划至腰侧，指尖朝前，双肘稍稍屈曲，目视左掌。

9 右腿支撑身体，重心后移，左脚跟着地。

10 重心前移，左脚外旋并踩实地面，上半身向左转，整体上呈前弓步姿势。

11 左臂水平屈肘，左掌翻掌向下，右掌翻掌向上并沿弧线形路线划向腹部前方，双掌相对，如"抱球"一般，同时右脚贴向左脚，目视左掌。

12 右脚抬起，向右迈一步，脚跟着地。

13 上半身保持竖直，右脚踩实，下蹲的同时重心右移，双掌收至胸前。

14 左掌向左下方划，右掌向右上方划，重心继续右移。

15 左腿支撑身体，重心后移，右脚跟着地。

16 重心前移，右脚外旋并踩实地面，上半身向右转，整体上调整为前弓步姿势。

17 重心继续前移，左脚跟抬起，左掌划向腹部前方，目视右掌。

18 右臂水平屈肘，右掌翻掌向下，左掌翻掌向上，双掌相对，如"抱球"一般，同时左脚贴向右脚。

19 左脚向前迈。

20 左脚跟着地。

21 上半身保持竖直，左脚踩实，下蹲的同时重心左移，双掌收至胸前。

22 左掌向左上方划，右掌向右下方划，重心继续左移。

23 左掌上划至与颈齐高，右掌下划至腰侧，双肘稍稍屈曲，目视左掌。

第三节 白鹤亮翅

1 接上式，左掌向下翻，左臂水平屈肘，右掌沿弧线形路线向左上方划，双掌相对，如"抱球"一般，目视左掌。右脚向左脚靠近，直至双脚间隔一个脚长的距离，右脚尖着地。

2 右脚踩实，重心后移，右掌向上翻并经胸前向左上方画弧，左掌搭向右臂内侧。

3 重心后移，左脚尖着地，整体上调整为左虚步姿势。上半身稍稍向右转，右掌沿弧线形路线向头部右上方划，左掌搭于右臂内侧。

4 上身向左转，左掌沿弧线形路线向左下方按压，目视前方。

第四节
搂膝拗步

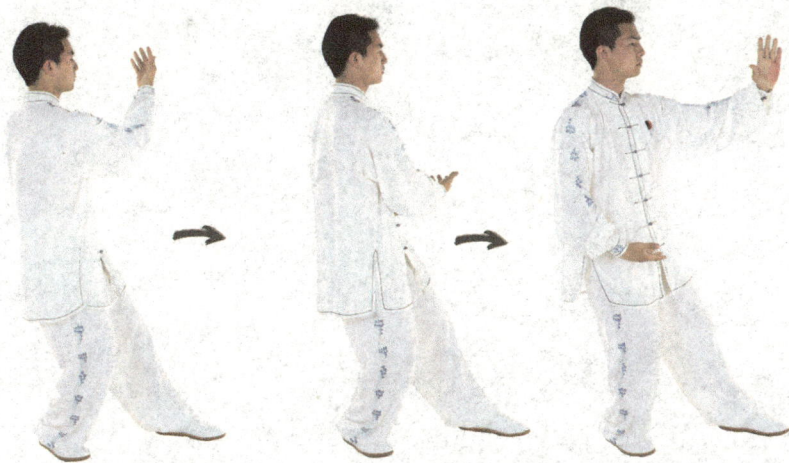

1 接上式，上半身稍稍向左转，左掌向左移，右掌在身前向下落，目视右掌。

2 右掌下划至髋部前方，左掌向上划至头部高度，同时上半身向右转。

3 上半身向右转，左臂自头部前方向右、向下摆，一直至与肩齐高，右臂向上抬至与肩齐高。左脚向右脚收，脚尖着地。头随身体转动，目视右掌。

4 上半身向左转，左脚向左迈一步，重心左移，右掌向右耳位置收，左掌向左、向下画弧至左膝上方。

5 上半身继续向左转，整体上调整为前弓步姿势，左手从左膝前面左搂，最终至左侧腰部，指尖朝前，右手立掌向前推，指尖朝上，与鼻子齐高，目视右掌。

6 重心后移，右脚脚跟抬起并向左转，接着左脚以脚跟为轴向左转。

7 上半身向左转，左掌向左、向上划，右掌向左、向下划，右脚贴向左脚，脚尖着地。

8 上半身继续向左转，双掌划至与肩齐高。

9 上半身稍稍向右转，右脚向右迈一步。左掌向上划，右掌向下划。

10 右脚跟轻轻落地，左掌向左耳侧收；右掌继续向下划至腹前。

11 右脚踩实，右掌继续向下划至右膝上方。

12 上半身继续向右转，整体上调整为右弓步姿势，右手从右膝前面右搂至右侧腰部，指尖朝前，左手立掌向前推，指尖朝上，与鼻子齐高，目视左掌。

13 上半身向右转，左脚贴向右脚，左掌向右、向上划，右掌向右、向下划。

14 上半身继续右转，双掌划至与肩齐高。

15 右掌沿弧线形路线向上方划，直至与头顶齐高，左掌向下方划。

16 左掌沿弧线形路线，向腹部前方划，上半身稍稍向左转，左脚跟轻轻落地，右掌向右耳侧收，目视前方。

17 上半身继续向左转，整体上调整为左弓步姿势，左手从左膝前面左搂至左侧腰部，指尖朝前，右手立掌向前推，指尖朝上，与鼻子齐高，目视右掌。

该动作为侧身动作，双掌一前一后，翻滚摆动，就像一手把着琵琶，一手在弦上挥动一样，因此得名。

第五节 手挥琵琶

1 接上式，右脚向前跟进半步，脚尖着地。

2 重心后移，右腿支撑身体，上半身稍稍向右转，右掌向后收，左掌向前、向上抬。

3 左掌抬至与肩齐高，右掌收至左臂内侧。

4 左脚跟抬起，整体上调整为左虚步姿势。双肘稍稍屈曲。

5 左脚向前迈步且脚跟着地，双掌变为立掌且指尖朝上，目视前方。

第六节 倒卷肱

1 接上式，上半身向右转，右掌向上翻并沿弧线形路线先向下、后向上划，最终与肩齐高，左掌向上翻，目视右掌。

2 右肘屈曲，右掌心朝里。

3 左脚经右
脚内侧向后撤。

4 左脚向后撤一
步，脚尖着地。

5 左脚踩实，重心后移。
左掌向后收，掌心朝上，右
掌从右耳处向前推。

6 左掌向下划，右掌
向前推。上半身稍稍向
左转，目视右掌。

7 上半身继续向左转。

8 左掌沿弧线形路线从腹部前方先向
下、后向上划，最终与肩齐高，右掌向
上翻，目视左掌。

9 左肘屈曲，左掌心
朝里。

10 右脚经左脚内
侧向后撤。

11 右脚向后撤一步，
脚尖着地。

12 右脚踩实，重心后移。右掌向后、向下划，掌心朝上，左掌从左耳处向前推，目视左掌。

13 上半身向右转，右掌沿弧线形路线从腹部前方先向下、后向上划，最终与肩齐高，左掌向上翻，目视右掌。

14 右肘屈曲，左脚经右脚内侧向后撤。

15 左脚向后撤一步，重心后移。左掌向后收，掌心朝上，右掌从右耳处向前推。

16 左掌向下划，右掌向前推。上半身稍稍向左转，目视右掌。

17 左掌沿弧线形路线从腹部前方先向下、后向上划，最终与肩齐高，右掌向上翻，目视左掌。

18 左肘屈曲，左掌心朝里。

19 右脚经左脚内侧向后撤。

20 右脚向后撤一步，脚尖着地。

21 右掌向后收，掌心朝上，左掌从左耳处向前推。右脚慢慢踩实地面。

第七节

左揽雀尾

1 接上式，上半身稍稍向右转，右肘稍稍屈曲，右掌沿弧线形路线向下划至腰部位置，左掌向前推。

2 左脚跟抬起，准备向后撤步。右掌向右、向上划并于胸前翻掌。

3 左脚撤至右脚内侧，右臂水平屈肘，左掌翻掌向上并沿弧线形路线划向腹部前方，双掌相对，如"抱球"一般。

4 左脚向前迈一步，脚跟着地。

5 上半身向左转，左脚踩实，整体上调整为前弓步姿势。左掌向上划至与肩齐高，右掌则向下划至腰部位置。

6 右掌向上、
向前抬。

7 左掌向外翻并向前伸，
右掌向上翻并向左臂内侧靠
前、靠下的位置伸。

8 双掌先收回后
向右下方画弧。

9 上半身向右转，双
掌沿弧线形路线，经腹
部前方朝右后方划。

10 双掌继续
向右后方划。

11 右掌向上划至与肩齐高，
左掌向上划至胸前，掌心朝
内，屈右膝，蹬左腿，重心
后移。

12 右肘屈曲，
右掌上举至与头
顶齐高，视线跟
随右掌。

13 上半身向左转，
右掌向胸前收，并搭
在左腕内侧。

14 屈左膝，整体上调整为前弓步姿势，双掌向前推，并且始终与肩齐高，双臂拢圆，目视前方。

15 左掌向下翻，右掌向前伸，双掌高度一致并向两侧打开，距离同肩宽。

16 屈右膝，蹬左腿，重心后移，左脚跟着地，双掌向胸前收，掌心朝下。

17 重心前移，左脚踩地，整体上调整为左弓步姿势，双掌沿弧线形路线向前推，最终双掌与肩齐高，距离同肩宽，指尖朝上，目视前方。

第八节 右揽雀尾

1 接上式，重心后移。

2 上半身向右转，右掌从头部前方向右划，在体侧平举，头部及视线随右手移动，左臂屈曲，左掌移动至颈部前方，重心移至左腿上，右脚跟抬起。

3 左腿支撑身体，右脚后撤至左脚内侧后向前迈步，脚跟着地，右掌向上翻并下划至腹前，双掌相对，呈"抱球"状。

4 上半身向右转，右脚踩实，整体上调整为前弓步姿势，双掌收于胸前，且前后分开，然后右掌向前伸至与肩齐高，掌心朝内，左掌下划至左侧腰部位置，目视右掌。

5 左掌向上、向前划。

6 右掌向外翻并向前伸，左掌向上翻并向右臂内侧靠前、靠下的位置伸。

7 上半身向左转，重心后移，屈左膝，蹬右腿，双掌沿弧线形路线，经腹部前方向左后方划。

8 上半身继续向左转，左掌向上划至身体左侧，右掌向内翻掌并划至胸前，双臂与肩齐高。

9 左肘屈曲，左掌上举至与头顶齐高。

10 上半身向右转，左掌向胸前收，并搭在右腕内侧。屈右膝，整体上调整为前弓步姿势，接着双掌向前推，并且始终与肩齐高，双臂拢圆，目视前方。

11 右掌向下翻，双掌向两侧打开。

12 最终双臂伸直，双掌分开，与肩同宽，掌心朝下。

13 屈左膝，蹬右腿，重心后移，右脚跟着地，双掌向胸前收，掌心朝下。

14 双掌收至胸前。

15 双掌从胸前向腹前按压，掌心朝前、朝下。

此式因动作特征得名。其动作为一只手勾手，另一只手经头部前方，冲前甩出，就像在马背上向前扬鞭一样。

第九节
单鞭

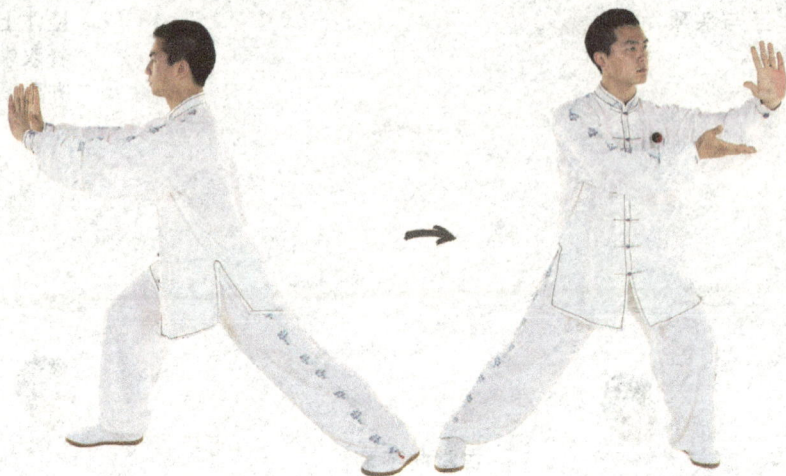

1 接上式，右脚踩实，整体上调整为前弓步姿势，双掌沿弧线形路线向上、向前划，最终与肩齐高，距离同肩宽，指尖朝上。

2 上半身向左转，重心左移，左掌沿弧线形路线，从头部前方划向身体左侧，始终与肩齐高，右掌经腹部前方划向左侧胸部前方，视线跟随左掌移动。

3 重心移至右腿上，上半身向右转，屈右膝，蹬左腿，右掌沿弧线形路线划向右上方，掌心朝内，左掌先向下、后向右上方划，视线跟随右掌移动。

4 左脚贴近右脚，左掌向上、向右划至右肩前方，掌心朝上，右掌向前翻。

5 右掌变勾手，左掌搭在右腕处，左脚向左迈步。

6 上半身稍稍向左转，左脚落地，左掌沿弧线形路线，随之向左划，掌心朝内，目视左掌。

7 屈左膝，蹬右腿，整体上调整为前弓步姿势，左掌在头部前方向前翻并向前推，保持与肩齐高，目视左掌。

云手

1 接上式，上半身向右转，重心慢慢移至右腿上，左脚尖抬起，左掌划向左下方，右勾手变右掌。

2 右腿支撑身体，上半身继续向右转，屈右膝，左脚内旋踩实，左掌沿弧线形路线，从腹部前方向右上方划，一直到右肩的前方，右掌竖起，目视右掌。

3 上半身向左转，左掌沿弧线形路线，经头部前方划向左侧并慢慢向外翻，右掌沿弧线形路线，经腹部前方向左上方划，一直到左肩前方，同时右脚贴近左脚，目视左掌。

4 上半身向右转，左掌先向下划至腹部前方，再沿弧线形路线划向右上方，掌心向内斜向翻转。右掌经头部前方沿弧线形路线向右划并慢慢向外翻，视线跟随右掌移动。

第十一节 单鞭

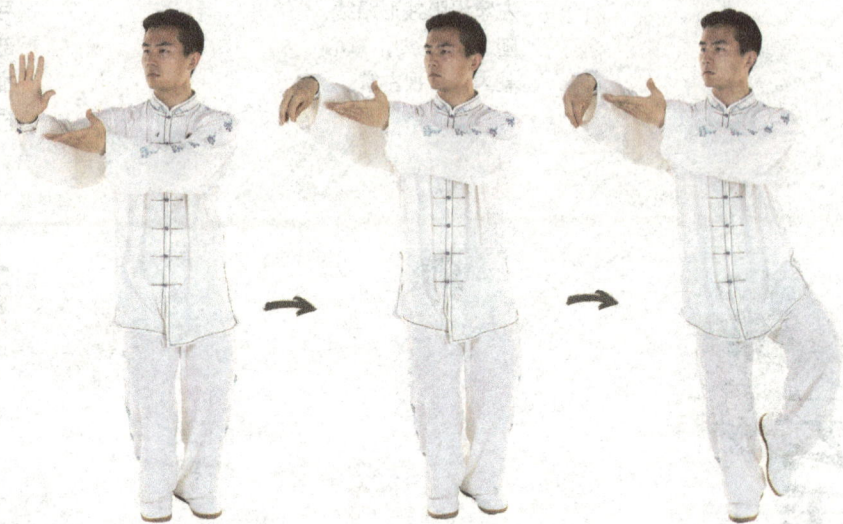

1 接上式，双膝稍稍屈曲，右掌向前伸，左掌搭在右腕处。

2 右脚踩地，左脚跟抬起，右掌变勾手。

3 左脚准备向左跨，目视右掌。

4 左脚向左跨一步，脚跟着地。

5 上半身稍稍向左转，左脚踩实地面，左手沿弧线形路线，经头部前方向左划，掌心朝内。

6 上半身继续向左转，重心左移，整体上呈前弓步姿势，左掌在头部前方向前翻并向前推，目视左掌。

探是伸出手臂去触摸的意思。该动作处同人站在马镫之上，以居高临下之势向远处探看。

第十二节 高探马

1 接上式，右勾手变右掌，双掌向上翻，收右脚，目视右掌，上半身保持竖直，肩部向下沉。在转移重心的时候，身体保持稳定。

2 右脚收至左脚内侧，右肘屈曲，右掌上举。

3 目视左掌，上半身稍稍向右转，右脚踩地，左脚抬起，右掌收至右耳旁。

4 右肩前送，右掌从右耳处向前推，与肩齐高，左掌向腹部位置收，目视右掌，左脚向前迈，整体上调整为左虚步姿势。

第十三节 右蹬脚

此式以左脚支撑身体，将右脚蹬出，因此得名。蹬脚时要靠腿部的力量并保持自身的平衡。如果能做到动作平稳且协调，就掌握了动作的精髓。

1 接上式，左脚贴向右脚，右掌收回，左掌向上划至右掌上方，双掌交叠。

2 左脚向前迈，屈左膝，蹬右腿，双掌沿弧线形路线，分别向身体两侧划，最终掌心朝前。

3 右脚贴向左脚，双掌沿弧线形路线向腹部前方划，交叠后向胸前收。目视前方。

4 上提右膝，双臂慢慢地向左右两侧打开。

5 左腿撑地，用较大的力向上蹬右脚至右腿伸直，左臂侧平举，右臂位于右腿上方，目视右掌。

6 右腿从最高位置缓缓地下放，注意身体保持稳定，动作速度均匀且慢。

双峰贯耳

在此式中，将双拳当作山峰，分别从身后向前击出，击打对方的双耳，力度非常大，因此得名。

1 接上式，右腿收回，左手沿弧线形路线，从身体后侧向胸前划。

2 右腿继续收回，双掌在胸前由外向内翻。

3 右脚向前迈一步，脚跟着地。双掌变拳，收至腰部两侧。目视前方。

4 重心前移，整体调整为右弓步姿势，双拳沿弧线形路线，从身体两侧向头部前方划，双臂向内旋。

第十五节 转身左蹬脚

在此式中，身体向左转90度，然后左脚蹬出，因此得名。

1 接上式，左腿屈曲，右腿蹬直，右脚尖抬起，上半身向左转，双臂伸直。

2 上半身继续向左转，右脚踩实，重心右移，双拳变双掌，沿弧线形路线，分别从头部前方朝两侧划，目视左手。

3 双掌沿弧线形路线，向腹部前方划，交叠后向胸前收，然后双臂内旋，置于身体两侧，平视左前方。右腿支撑身体，左脚靠向右脚，然后左腿屈膝上提。

4 双掌向外翻，双臂向两侧伸直打开。左脚勾脚尖，用力将脚跟向上蹬至左腿伸直，与左臂上下相对。

104

该动作就像老鹰在高空来回盘旋，看到猎物后猛然下冲。在动作表现上，先是高姿态，然后忽然变成低姿态，接着一条腿支撑身体，另一条腿屈膝上提，因此得名。

1 接上式，左腿屈膝收回，上半身稍稍向右转。然后，右臂向内移，右掌变勾手，左掌沿弧线形路线，向上、向右划，最后划至右肩前方，目视右手，左脚收向右脚。

2 右膝屈曲下蹲，左腿向左伸直，左掌经头部前方向左划。

4 上半身向上、向前移，左掌向上划至与肩齐高，右勾手向下落至与腰齐高。

3 左掌划至右肋前方，经左腿内侧穿出后，指尖朝左，上体向左转，左脚向外旋，左腿向前弓，目视左掌。

5 左掌向外翻后向下落，沿弧线形路线向左肋划，右勾手向上划。

6 重心前移，右腿向前提膝，右脚尖朝下，左膝稍稍屈曲，调整为左独立步姿势。左手下压至左胯旁，右勾手变为掌且掌心朝左，置于胸部前方。

右下势独立

1 接上式,右脚贴向左脚,前脚掌着地,随即踩实地面,双腿微屈。

2 上半身向左转,左脚踩地,随之向左转,左掌先变为勾手,然后上提至左肩高度,右掌沿弧线形路线,划向左臂内侧。抬起右脚,准备跨步。

3 左膝屈曲下蹲,右腿向右蹬直,先以前脚掌落地,随即踩实地面。

4 右掌经腹部前方,向右脚划,左勾手向下落,随即身体重心向右移,右掌向上移。

5 右腿前弓,左腿伸直,身体重心前移,右掌竖起,掌心朝左,左手也上翻,手心朝上。

6 重心前移,左腿向前提膝,左脚尖朝下,调整为右独立步姿势。右手下压至右胯旁,左勾手变掌且掌心朝右,置于胸部前方。

第十八节 左右穿梭

传统上称之为"玉女穿梭"。该式的特点是柔且缓慢，同时富有灵活性。双手一左一右来回转换，就像仙女在织布一样，因此被称为玉女穿梭。在简化版太极拳中，该式更名为左右穿梭。

1 接上式，左脚向左前方落下，脚跟着地，上半身向左转；接着左脚踩实，左膝屈曲，右脚抬起并靠近左脚，同时右掌向上翻，左掌向下翻，双掌相对，如"抱球"一般。

2 上半身向右转，右脚斜向前迈一步，脚跟先着地，然后整脚踩实地面，右掌由下向前上方划，左掌由上向后下方划，目视前方。

3 上半身继续向右转，左腿蹬直，整体上调整为右弓步姿势，右掌向上翻，向右侧额头上方架去，掌心朝外，左掌向前推，与鼻子齐高，目视左掌。

4 身体重心后移，左脚向外旋，上半身稍稍向左转，右掌向下，左掌沿弧线形路线向腹部前方划，为双掌"抱球"做准备，目视右掌。

5 双掌在右肋前方上下抱球，左脚收至右脚内侧，然后上提左转，向前迈一步，脚跟着地，左掌由下向前上方划，右掌则反向划，最后划至右肋位置，目视左掌。

6 上半身继续向左转，左脚踩实，左膝屈曲，整体上调整为左弓步姿势，同时左掌向上翻，向左侧额头上方架去，掌心朝外，右掌向前推，与鼻子齐高。

第十九节
海底针

海底，武术穴位名，即会阴穴。此式将手指喻为金针。

1 接上式，右脚稍稍向前迈，脚尖着地，双脚保持一个脚长的距离。

2 右脚踩实，右腿屈曲，右掌向下划，身体稍稍向右转。

3 左脚提起，右腿微屈，左掌沿弧线形路线，向前下方划，最后划至腹部前方，手指朝斜前方，右手从身体一侧划向右耳位置，掌心朝内，目视前方。

4 上半身向左转，向前俯身，右掌从右耳位置向下插，左手搂过左膝，向左腿外侧按压，左腿向前迈，调整为左虚步姿势，目视右掌。

第二十节 闪通臂

1 接上式，上半身恢复直立，右膝稍稍屈曲，右腿支撑身体，左脚贴向右脚，右掌前提，手指朝前，左掌向右腕贴近，指尖轻贴右腕，目视前方。

2 左脚前迈一步，右掌向上翻，向右侧额头上方架去，掌心朝外，左掌向前推，与鼻子齐高，目视左掌。

第二十一节 转身搬拦捶

在此式中，转体之时，双掌分别向两侧化解对方的力度，接着左立掌拦截，右拳攻击对方的胸部和肋部。一个招式涵盖了搬拳、打拳、拦拳三种动作。

1 接上式，双掌分别向两侧打开，同时重心由左腿移向右腿。

2 左脚向内旋，带动身体向右转，双臂随之转动，接着左掌摆向头部左侧的上方，右掌向下按压。

3 右脚贴向左脚，左掌摆至头部正上方，右掌划向腹部左侧。

4 身体继续向右转，右脚向前跨一步，脚跟着地，同时右掌随之变为拳，从胸部向前翻转攻击，左掌向下划至左胯旁，掌心朝下。

5 身体继续向右转，右脚完全踩实地面，重心前移至右脚，随着身体的转动，左掌向上举，掌心朝下，右拳向下翻，双臂撑圆，在体侧平举，与胸部齐高，目视左掌。

6 左脚收向右脚，然后向前迈一步，左掌立掌向右，右拳先向腰部位置收回，后向内翻转并前推至胸前。

7 上半身向左转，蹬直右腿，整体调整为左弓步姿势，右拳从胸部朝前击打，左掌收回，手指贴于右臂内侧，目视右拳。

双臂斜向交叉，就像封条斜向粘贴在一起，因此得名"如封"。接着双掌微微向内引，然后再向前推，就像用手关门一样，因此得名"似闭"。两式合起来就被称为"封搭截闭"。

第二十二节 如封似闭

1 接上式，左掌向上翻，顺右臂之下向前穿出。

2 右拳变掌，翻转向上，左掌穿至右掌背时，双掌交叠，向身前平举，与肩齐高。

3 身体重心后移至右腿，左脚尖抬起，双掌分开并向后收至胸前。

4 左脚踩实，双掌翻掌向前。

5 屈左膝，整体调整为左弓步姿势，双掌前推。

在此式中，双臂分开转身斜抱，而后双手十字交叠环抱于胸前，因此得名"十字手"。

第二十三节 十字手

1 接上式，双掌前推至双臂伸直。

2 上半身向右转，左脚以脚跟为轴向右转，左腿蹬直，随后右脚以脚跟为轴向右转，右腿屈膝，右掌向右摆至头部右侧。

3 重心继续向右移，右脚踩实地面。

4 上身向左转，重心向左移，双掌沿弧线形路线向腹部前方划至相叠，左上右下，掌心均朝上。

5 右脚收向左脚，双掌上举至肩前。

此式确保太极拳由无极而太极，而后复归于无极。在套路编排上，符合有始有终的原则。

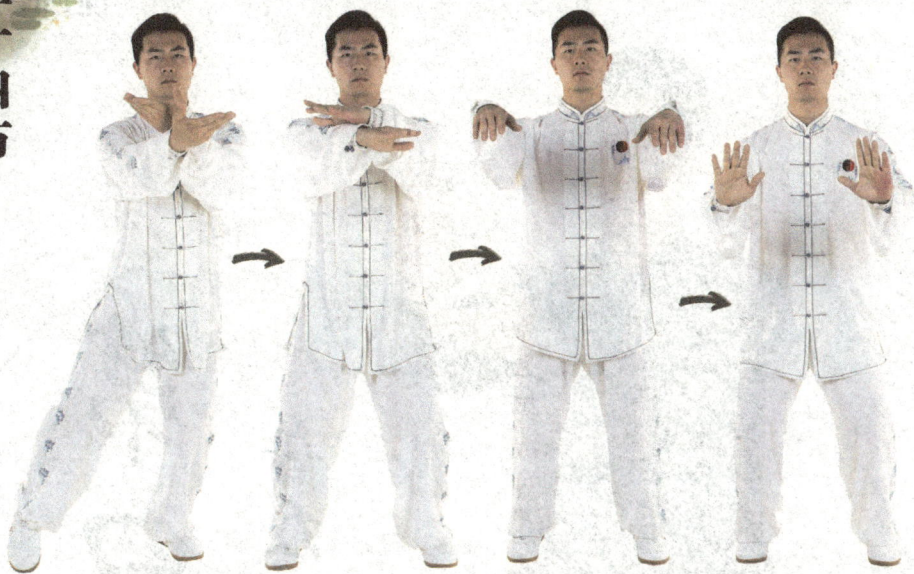

1 接上式，右脚踩实，双臂向内旋，双掌向下翻，目视前方。

2 双臂分开，与肩同宽，然后于胸前屈肘并缓缓下落。

3 双臂继续缓缓下落，最终自然垂于身体两侧，目视前方。

4 左脚并向右脚，先脚掌着地，后踩实地面，回到初始姿势，目视前方。

第四章

普及48式太极拳

起势

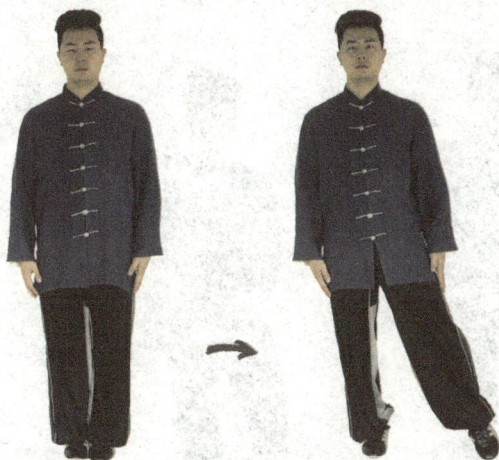

1 双脚并立，双臂自然下垂贴于大腿两侧。左脚抬起并向左迈步，脚尖着地。

2 左脚踩实，呈双脚开立姿势。双臂在身体两侧慢慢向上抬起至双掌与腰部齐高，掌心朝内。

3 双臂继续向上抬至与肩部齐高，此时掌心朝下。

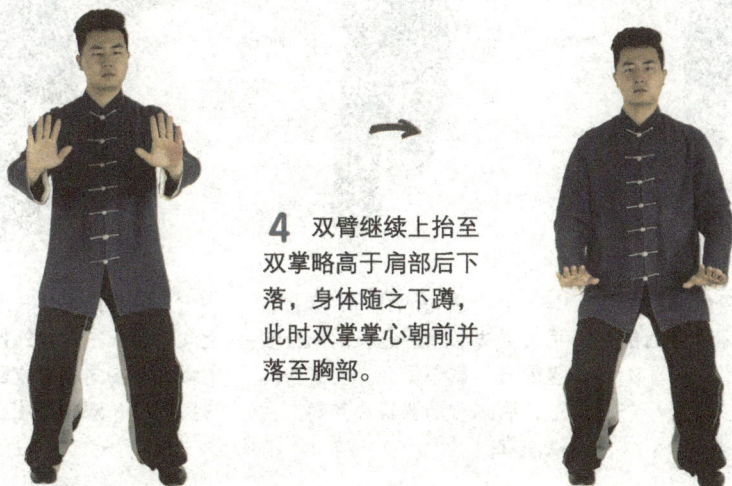

4 双臂继续上抬至双掌略高于肩部后下落，身体随之下蹲，此时双掌掌心朝前并落至胸部。

5 挺直腰背，双臂向下按压至腰部位置，掌心朝下，身体进一步下蹲。

第一节 白鹤亮翅

1 接上式，右脚跟抬起，身体重心位于左腿，左掌抬至胸前。接着右臂打开，右手向右平移，向上翻掌，再向腹部左侧平移。右脚后撤，注意双手左上右下相对，呈"抱球"状，此时身体前倾，重心位于左脚。

2 右脚跟踩实，右手划向头部右侧，稍稍高于头部，掌心朝内。左手掌心向下，先向上轻抚右臂内侧，后划至腰部左侧。左脚跟抬起，重心移至右脚。

第二节 左搂膝拗步

1 接上式，下半身保持不变，右手沿弧线形路线下落至面部，掌心朝向面部。

2 上半身稍稍向右转，右手沿弧线形路线经胸前划至右胯前方，掌心朝上。左掌先向上、后向右划至与头齐高，目视左掌。

3 上半身向右转，左手随之向右转，右掌向外打开并上移，左脚向右脚收回，左脚尖着地，双膝微屈。

4 右膝进一步屈曲，左腿向前迈一步，脚跟着地，身体后坐，右腿支撑身体，同时左掌沿弧线形路线，向左腹前方划。右手上抬，与头齐高。

5 身体稍稍向左转，重心前倾，左脚掌踩实地面，同时在上臂带动下，右手向前推，左掌随身体转动划至左胯旁，目视右掌。

6 右腿蹬直，身体回正，呈弓步，右臂伸直，右手腕发力，右掌向前推，左掌在体侧向下按。

第三节 左单鞭

1 接上式，上半身向右转，随后右掌沿弧线形路线下划至最低点后上移，左掌沿弧线形路线上划至颈部前方，双掌相对，同时右脚抬起，准备向右迈。

2 右脚向右迈，脚跟着地，左膝微屈，双手移至胸部前方，目视左掌。

3 重心前移，右膝屈曲，双臂前推。身体稍稍右转，右臂随之向右摆，左手搭在右腕上。

4 右臂继续向右摆至身体正右侧，随后向胸前收，身体向左转，回正，右脚跟着地旋转至脚尖朝前。然后右脚掌踩实，重心右移，呈右弓步，右掌向前推，左掌顺势前移，目视右掌。

5 左腿收回，脚尖朝下，目视右掌。

6 双腿不动，右掌变勾手，左掌不变。

7 左脚向左迈，脚跟着地，右手不动，左掌沿弧线形路线向左划，手掌朝内，目视左掌。

8 身体向左转，左脚踩实，重心左移，最终呈前弓步，左掌随之移至身体正前方并向前推。

左琵琶势

1 接上式，右脚向左脚收且脚尖着地，左掌下移至腰部左侧，右勾手变掌并平移至身体正前方。

2 重心后移至右腿，左脚尖着地，双膝微屈；右掌收回至胸前，掌心向下。左掌在体侧沿弧线形路线上划至身体前方，掌心向下，目视左掌。

3 右腿支撑身体，左脚向前迈步且脚跟着地，左手收回，与胸齐高。

4 双掌向前推。

第五节

捋挤势

1 接上式，左脚上抬，向左移一些距离。双掌相向，在胸部前方交叠。

2 左脚踩实，双腿为左弓步姿势，左掌保持不动，右掌向前画弧。

119

3 右脚向前迈一步，整体调整为右弓步姿势，同时双掌先向腹部左侧下划，再向胸部前方收（左掌扶于右腕），最后向前推。

4 上半身向左转，双臂先向左画弧，接着左臂在右臂上方向左画弧，然后双臂慢慢向下移动。

5 左脚向前迈一步，脚跟着地，身体略向左转，双臂收回至胸前，左掌在前，右掌扶于左腕。

6 左脚踩实，整体调整为左弓步姿势，双掌向前推。

7 身体稍稍向右转，双膝屈曲，重心下降，右臂向右画弧，然后收回胸前，再在左臂上方向右画弧。

8 右脚向前一步，整体调整为右弓步姿势，同时双臂先收回，然后上移至胸前，右掌在前，左掌扶于右腕，最后双掌向前推。

左搬拦捶

1 接上式，身体微微后坐，右脚尖抬起，左掌向上划，右掌向下划，双臂呈"抱球"状。

2 上半身稍稍向右转，整体调整为前弓步姿势。左腿随身体旋转，脚尖着地，双臂向两侧打开，左掌朝左，右掌朝上。

3 重心右移，左腿朝左前方跨出，脚跟着地，右掌向上移至头部前方，左掌向下移至腹部前方变拳。然后右掌向下按压至腹部前方，左拳向上移至颈部前方后向前伸出。

4 身体向左转，左脚踩实，整体调整为前弓步姿势。左拳向上、向外翻至与肩齐高，右臂随身体向左移。

5 右腿向左腿收回，屈膝，脚尖向下悬空，左拳收回，右掌侧挥与肩齐高。

6 重心位于左脚，右脚向前跨出，脚跟着地。右掌变立掌。

7 重心向前移至右脚，右脚踩实，双膝稍稍屈曲，左拳向前打出。

8 重心继续向前移，整体调整为前弓步姿势，左拳继续向前，右掌移至左肘内侧。

左掤捋挤按

1 接上式，重心后坐，右脚尖抬起，上半身顺势向右转，左拳变左掌，右掌向下移。

2 右脚踩实，左脚向前迈，脚跟着地。双掌呈弧线形路线，分别向上、向下划，呈"抱球"状。

3 左掌向左上方划至与肩齐高，同时右掌向右下方划至腹部前方，接着右掌向左上方划至左臂内侧，最后双掌向左下方捋至腹部前方，重心后坐。

4 双掌向右上方划至与肩齐高。

5 上半身向左转，右腿支撑身体，右掌呈弧线形路线向胸前划，收至左掌内侧。

6 重心先向前移后向后坐，双掌先向前推后收回。

7 整体调整为左弓步姿势，双掌向前推，掌心向前。

1 接上式，上半身向右转，右臂随之向右移，左脚尖抬起并向右转。

2 上半身继续向右转，右臂向外打开，目视右掌。

3 右腿向左腿收回，右膝屈曲，整体上调整为右虚步姿势，左掌向颈部前方收，右掌先向下画弧后向上移至左掌前方。

4 双掌变双拳，左膝屈曲，右脚向右后方伸出，脚跟着地。

5 右脚踩实，右腿屈膝，身体重心下降并右移。

6 重心继续右移，整体上调整为右弓步姿势，右拳上拉至头部右侧，左拳下拉至左腿上方。

第九节 肘底捶

1 接上式，身体重心向左移，双拳变双掌，并上抬至高于肩部，掌心向外。

2 左脚向右脚收，同时左掌下划至腹部前方，右臂向胸前屈肘，右掌向下翻，双臂呈"抱球"状。

3 左脚向左侧跨出，右掌向下划，左掌向上移，与肩齐高。

4 身体向左转，左手随之移动并在身体左侧下压，右掌呈弧线形路线向上、向前划。

5 重心后移，左脚抬起，右掌变右拳并收回，左掌向前移并与右拳在胸部前方交叠。

6 左脚向前跨出，脚跟着地，右拳继续收回，左掌继续向前移。

倒卷肱

1 接上式，右拳变右掌，先向下划后向上划至与肩齐高，左掌向上翻。随后左腿向右后方撤，右掌继续向上划，然后向右耳后方移。

2 重心后移，右掌随之在左掌上方向前推，左掌向后收回。

3 上半身向左转，双臂随之向身体两侧打开，掌心朝外。

4 右脚向后退一步，右掌向后收回，左掌向前推，双掌在胸前交叠。

5 重心移至右腿，左掌继续向前推，右掌收回至右侧腰部前方。

6 右掌向上划至与肩齐高。然后左腿向后退一步，左掌收于左侧腰部位置，右掌继续向上划，再向右耳后方挥，最后向前推。

7 左掌向上划至与肩齐高。然后右腿向后退一步，左掌继续向上划，再向左耳后方挥。

8 身体后坐，右掌向后收回，左掌向前推，双掌在胸部交叠。

9 左掌继续向前推，右掌收回至右侧腰部位置。

第十一节
转身推掌

1 接上式，左脚向后撤，右掌呈弧线形路线向上、向前划，左掌向后收回。

2 身体向左转，左脚向前迈，左掌下压至腹部，右掌收回并向下翻掌，与头部齐高。

3 重心前移，左掌向左划，右掌向前推，同时右脚向左脚收回。

4 身体稍稍向右转，同时左掌向上划，右掌收回。

5 稍稍向右转体，整体调整为弓步姿势，左脚尖点地。与此同时，左臂前推、右臂下压。

6 左脚向右脚收回，呈虚步。右掌上翻，左手呈弧线型路线下划。

7 左脚向前跨，重心前移左掌向前推。

8 身体向右转，右脚向右迈，脚跟着地，右臂向下按压至腹部，左臂向上移至耳侧。

9 重心移至右腿，上半身稍稍向左转，左脚先收回再向后撤，呈右弓步。同时左掌向前推，右掌向下按。

第十二节 右琵琶势

1 接上式，重心后移，右脚尖着地，右臂前平举，左掌保持与肩齐高并向后收回。

2 重心后坐，右脚跟着地，双臂向后收回，掌心斜向下。

3 双掌向前推并立掌，掌心朝前。

第十三节 搂膝栽捶

1 接上式，右脚向左脚收回，脚尖着地，右掌下划至腹部前方，左掌上划至颈部前方，掌心相对。

2 重心位于左腿，右脚向右跨出且脚跟着地，双掌向上移动至在胸前交叠。

3 上半身向右转，整体调整为右弓步姿势，同时双掌向外推。

4 左脚向右脚收回，脚尖着地，上半身继续向右转，双臂随之向右转。

5 身体向左转，右臂屈曲收回，左掌向下按压至左侧腰部位置。

6 抬起右脚，左掌向上抬并翻掌，右手向下按压。

7 右脚向右迈一步，左掌上移至左耳旁并变左拳，右掌继续向下按压。

8 上半身向右转，重心前移，整体上呈右弓步姿势，右掌随之向下、向外摆，左拳向下击打。

第十四节
白蛇吐信

1 接上式，身体向左转，双臂向左上方划，左拳变左掌。

2 身体向左转，重心右移，左脚尖着地，左掌向前划至左臂前平举，右掌向前划至右耳旁。

3 身体向左转，双膝屈曲下蹲，两掌在胸前交叠。

4 身体继续向左转，进一步屈膝下蹲，左掌向腰部位置收回，右掌向前推。

5 站起，右脚抬起，脚尖朝下。左臂抬至与肩齐高，右掌翻转，掌心朝外。

6 右脚向前迈，脚跟着地，左掌收回至左耳旁，右掌向上翻。

7 身体向右转，双膝屈曲下蹲，左掌向前推，右掌向后收回。

8 进一步屈膝下蹲，左掌向前推，右掌收回至右侧腰部位置。

第十五节 拍脚伏虎

1 接上式，起身，左脚向前跨一步，右掌向头部上方划，左掌则向下按压。

2 左脚踩实，右腿迅速上抬，左掌向上划至与肩齐高，右掌直拍右脚脚面。

3 完成拍脚后，右脚下落至左脚左侧，然后左脚迅速向左跨一步，变为右弓步姿势，双掌向下摆。

4 身体左转，右腿蹬直，重心左移，双掌变双拳，左拳上摆至头部前上方，右臂于胸前屈肘。

5 右腿向右迈一步，左拳变掌，先向下划后向上抬至头部高度，右拳变掌，先向上划后向下划至身体后侧。

6 接着右腿撑地发力，左腿向前向上踢，左掌拍击左脚面，同时右臂从右侧上划至头部高度。

7 完成拍脚后，左脚下落至右脚右侧，然后右脚迅速向右跨一步，变为左弓步姿势，双掌向下摆。

8 重心移至右腿，整体上呈右弓步姿势。双掌向下摆后上摆并变双拳。

第十六节 左撇身捶

1 接上式，重心先左移后右移，双拳变双掌，右掌朝里并向下划，左掌朝外并向上、向外划。

2 右腿支撑身体，左脚上抬，右掌先向下划后向上抬至与头齐高，左掌向下划并变左拳。

3 左腿向左迈一步，脚跟着地，左拳向上移，架于胸前，右掌搭于左臂内侧。

4 上半身向左转，左脚踩实地面，整体上呈左弓步姿势，左拳上举，右掌保持搭于左臂内侧，做弓步撇打。目视左拳。

第十七节 穿拳下势

1 接上式，身体左转，左拳变掌并向左上方划弧，右掌经胸前下划，掌心朝上。

2 左腿蹬地伸直，右腿跟随前移上提，脚尖朝下，双掌变拳，左拳下摆至腹部前方，拳心朝内，右臂屈肘，右拳上摆至头部前方，拳心朝内。

3 右脚向右迈一步，左膝屈曲，整体上呈左弓步姿势，左拳向上移至头部位置，右拳向下收于腰部位置。

4 进一步屈膝下蹲，右脚尖向右侧转，左拳上举至高于头部，右拳向腿部右移。

第十八节

独立撑掌

1 接上式，重心右移，整体上由左弓步姿势变为右弓步姿势，左拳向下移至与肩齐高，右拳向上、向右移至与肩齐高。

2 保持右弓步不变，双手松拳，左掌划向腰部，右掌下翻。

3 左脚上抬，左膝屈曲上提。左臂上摆，右掌向下按压。

4 待左膝完全上提时，翻左掌并上推。

5 左腿落下后，向前跨出并伸直，右腿屈膝。右臂屈肘上翻，左掌下翻并向前、向下划至胸部前方。

6 接着身体重心前移，左腿屈膝撑地，右腿跟随前移，脚尖点地。右掌上划至面部前方，左掌下压。

7 上提右膝，翻右臂并上推。

第十九节
右单鞭

1 接上式，右脚向后撤，左掌先向上移后向上推，右掌向下划并向内翻掌。

2 重心后移至右腿上，双掌向下摆至腰部前方。

3 重心先右移后左移，整体上调整为左弓步姿势，左掌朝内，右掌朝外，移至胸前并向外推。

4 保持弓步姿势不变，重心进一步左移，右掌搭于左腕，双掌向前移。

5 身体后坐，右腿支撑身体，左脚跟着地，双臂朝里侧挥摆。

6 上半身向右转，左臂收至胸前变立掌，然后向前推，右掌始终搭在左腕。

7 重心转移至左腿上，左掌继续向前推。

8 右脚向左脚收回并以脚尖着地，右掌依然搭于左腕，左掌变为勾手。

9 右脚向右迈一步，重心右移，整体上调整为右弓步姿势，同时上半身向右转，右掌随之向右移至头部正前方并变立掌，掌心朝前。

第二十节 右云手

1 接上式，身体重心移至左腿上，右掌向下摆，左勾手变立掌。

2 下半身不动，右掌向上划至左臂内侧。

3 重心右移，整体上调整为右弓步姿势，左掌向下按，右掌向上举。

4 左脚向右脚收回，双膝稍稍屈曲，同时双臂摆至右侧。

5 左腿支撑身体，右脚上抬，左掌向左划至与头部齐高并向外翻，右掌向下划至左侧腹部前方。

6 右脚向右迈一步，整体上调整为左弓步姿势，左掌向前推，右掌向左腕方向上移。

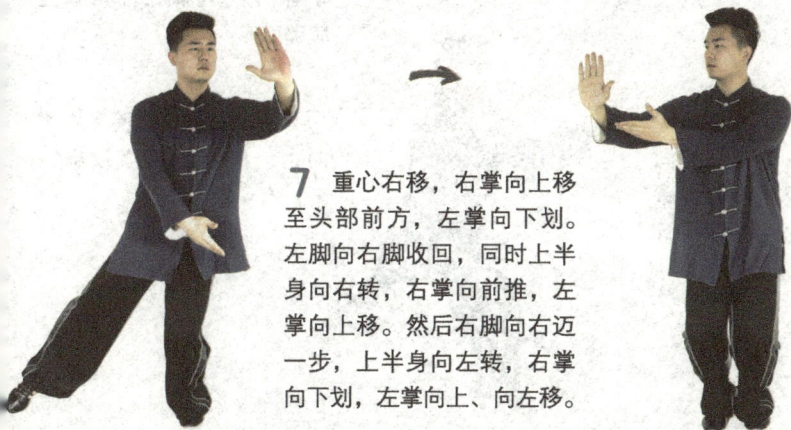

7 重心右移，右掌向上移至头部前方，左掌向下划。左脚向右脚收回，同时上半身向右转，右掌向前推，左掌向上移。然后右脚向右迈一步，上半身向左转，右掌向下划，左掌向上、向左移。

8 重心右移，右掌先向上划至头部高度，后向下划至与肩部齐高，左掌先向下划至腹部前方，后向上划至右臂下方，同时左脚向右脚收回。

135

第二十一节

右左分鬃

1 接上式，右脚跟上抬，右膝屈曲，上半身向左转，左掌向上移至颈部前方，右掌向下移至腹部前方，掌心相对，呈"抱球"状。

2 身体后坐，左腿支撑身体，右脚向右迈一步，脚跟着地，双臂保持不动。

3 重心右移，整体上调整为右弓步姿势，左掌向下移，右掌向上移。

4 上半身向右转，右掌向上、向前移，左掌向下按压。

5 重心后坐，右脚尖上抬，上半身动作不变。

6 重心前移，整体上呈右弓步姿势，上半身向右转，右掌向下翻，左掌由外向前移至腹部前方。

7 左脚收至右脚左侧，然后向左迈一步，脚跟着地，双掌在身前呈"抱球"状。

8 待左脚踩实地面，左掌向上、向前划至与颈部齐高，右掌向下按压。

第二十二节 高探马

1 接上式，右脚向左脚收回，双膝稍稍屈曲，重心下沉，上半身稍稍向右转，同时右臂向上抬至与肩齐高。

2 抬起左脚，脚尖朝下，右腿支撑身体，右肘屈曲，右掌移至头部右侧。

3 左脚向前迈一步，呈左虚步，右掌向前推，左掌向后收回。

4 右掌继续向前推至右臂伸直，左掌继续向后收回至腹部前方。

第二十三节 右蹬脚

1 接上式，抬起左脚，向左迈一步，右掌先向外挥后向胸前收，左掌向前挥摆。

2 重心前移，左脚踩实，右掌向前推，左掌向下划至腹部前方。

3 右膝上提，左腿支撑身体。左掌向上挥至头顶，右掌向下挥至腹部前方，然后左掌向下移，右掌向上移，双掌在胸前交叠。

4 右脚上踢，注意此时右腿伸直，双臂先向上挥后向外推。

1 接上式，收回踢出的右脚并保持右膝上提的状态，双掌向颈部前方收，掌心向上。

2 右脚落下并向前迈，脚跟着地，双掌变双拳，向腰部两侧收回。

3 重心移至右腿上，右膝屈曲呈弓步，双拳先向外挥后向前击。

4 双拳向前击至双臂伸直。

1 接上式，重心略微后坐，右脚跟着地，双拳变双掌，掌心朝外。

2 重心前移，整体上呈前弓步姿势，双臂呈弧线形路线向下划。

3 左膝上提，右腿支撑身体，双掌在胸部前方交叠。

4 左脚向上踢，双手分别向两侧打开。

第二十六节
掩手撩掌

1 接上式，左脚收回，脚尖着地。右手为拳，左手为掌，向内收至胸前。

2 左脚向左跨一步，脚跟着地，右膝屈曲，双手收于腹部前方。

3 左脚踩实，重心前移，左拳收回至腹部左侧，右拳斜向下打出。

第二十七节 海底针

1 接上式，右脚向左脚收回，双拳变双掌，右掌收于腰侧，左掌向前挥摆。

2 重心后坐，左脚尖着地，右掌提至头部右侧。

3 重心下压，左脚向前迈一小步，脚尖着地。右掌向下、向前伸出，左掌收至腰侧。

第二十八节 闪通臂

1 接上式，左脚向前迈一小步，身体右转，重心上提，双掌上提至头部右侧，左掌位于右掌内侧。

2 左腿屈膝，保持身形稳定，双掌掌心朝外，向两侧分开。

3 右腿蹬直，整体上调整为前弓步姿势，左掌向前推，右掌向上挥。

第二十九节

左右分脚

1 接上式，重心右移，上半身向右转，整体上呈右弓步姿势。

2 重心左移，右脚微微抬起，右掌挥至身体右侧。

3 右膝上提，右脚尖朝下，双掌在胸前交叠。

4 左脚支撑身体，保持身体平稳，右腿向上踢，脚尖朝上，双臂向身体两侧打开。

5 右脚下落并向右跨一步，左掌先向下后向上划，右掌向下划，双掌在胸前交叠。

6 重心右移，整体上调整为右弓步姿势，左掌继续上划，右掌向腹部前方收。

7 左脚向右脚收回，左掌从头部前方向下摆，右掌从腹部前方向上抬至高于头顶。

8 左膝上提，左脚尖朝下，双掌在胸前交叠。然后左脚向上踢，脚尖朝上，双臂向身体两侧打开。

9 左腿收回，脚尖朝下。

第三十节
搂膝拗步

1 接上式，左腿放下，双腿并立屈膝，右掌在身体右侧向上翻，左臂向右屈肘。

2 右腿支撑身体，左腿上提，脚尖朝下，左掌下划至腹部前方，右掌上划至头部右侧。

3 左腿向前放下，脚跟先着地，右腿屈膝，左掌向前划，右掌保持不动。

4 整体上调整为前弓步姿势，左掌收于腰侧，右掌向前推。

5 向左转体，左腿撑地，右腿上提，脚尖朝下，左臂上抬，左掌向上翻，右掌经胸前向右下方划弧。

6 身体向右转，右脚向前迈一步，呈右弓步姿势，左掌前推，掌心朝外，右掌下按，掌心朝下。

第三十一节
上步擒打

1 接上式，重心后移，左膝屈曲，左掌向上翻并向后收回，右掌向上抬。

2 重心前移，左脚向右脚收回，左膝微屈，左掌收至胸前后向下移，移至腹部前方后向上、向外挥，右掌向上抬至胸前。

3 左脚向前迈一步，左掌向上、向前伸出并变左拳，右掌收于腰侧并变右拳。

4 重心前移，整体上调整为前弓步姿势。左拳向内收，右拳向左拳上方打出。

第三十二节

如封似闭

1 接上式，右脚向左脚收回，重心下沉，双拳变双掌，掌心朝上。

2 右脚收至左脚右侧，保持重心在右腿上，左腿向上抬起，双掌虎口相对并向胸部收回。

3 左脚向前一步，脚跟着地，同时双掌向下按压。

4 重心前移，左脚踩实，整体上呈前弓步姿势，双掌顺势向前推。

第三十三节 左云手

1 接上式，重心移至右腿上，上半身向右转，右掌随之向右划，左掌向下划至腹部前方。

2 上半身向右转，右掌向前推。然后重心左移，上半身转回，同时左掌向上划，右掌向下划。

3 右脚向左脚收回，上半身稍稍向左转，同时双掌划至身体左侧。

4 左脚向左迈一步，右膝微屈，左脚尖点地，同时右掌上划、前翻，掌心朝外，左掌下划至身侧。

5 上半身稍稍右转，身体重心左移，此时双掌划至身体右侧。

6 重心进一步左移，左掌上划至头部前方，右掌下划至腰侧。

7 右脚向左脚收回，双膝微屈，重心下沉。同时双掌划至身体左侧。

8 左脚朝左横跨，重心右移，双掌划至身体右侧。

9 重心移至左腿上，右脚向左脚收回。同时双掌划至身体左侧。

第三十四节

右撇身捶

1 接上式，右脚踩实，重心后移，抬起左脚，左掌向上翻，右掌向下翻。

2 左脚向后撤一步，上半身向左转，双掌向下划。右脚向左腿收，脚尖点地。左掌下划至腹部前方后向上划，右掌下划至腹部前方变右拳。

3 右脚向右前方跨一步，右拳架于头部前方，左掌向后收于胸前并搭在右臂内侧。上半身向右转，重心前移。

4 重心移至右腿上，整体上调整为前弓步姿势，右拳由内向外撇打。

第三十五节

左右穿梭

1 接上式，重心后移，右拳变右掌，双掌向左挥，上半身稍稍向左转。

2 重心前移至右腿上，同时左掌向前伸，右掌向后收回。

3 左脚向右脚收回，双掌下划至腹部前方。接着左脚向左迈一步，双掌上移至胸前且掌心相对（右掌在里，左掌在外）。然后身体向左转，右掌搭于左腕，随之转动，整体上调整为前弓步姿势，最后右脚向左脚收回。

4 上半身向右转，同时左臂屈曲，左掌移至头部前方，右掌收于腰侧。

5 左脚向左前方跨一步，重心下降，双臂左上右下，向外架掌。

6 上半身向左转，整体上呈前弓步姿势，右掌向前推。接着重心移至右腿上，上半身向右转，双掌向右挥，左掌心朝上，右掌心朝下，均与肩齐高。然后右脚向左脚收，双掌先向内收后向下移。最后上半身稍稍向左转，右脚向右迈一步，重心位于左腿上，左膝屈曲，双掌向上移。

7 重心移至右腿上，整体上呈前弓步姿势。右掌向右挥，左掌搭于右臂内侧。接着左脚向右脚收回，上半身向右转，双掌继续向右挥。然后重心移至左腿上，右脚向右迈一步，上半身向左转，右掌上移至头部上方，左掌收于腰侧。最后重心移至右腿上，上半身向右转，整体上调整为前弓步姿势，左掌向前推。

第三十六节
退步穿掌

1 接上式，重心后坐，左腿支撑身体，左掌向左挥，右掌向下划。

2 右脚向左脚收，上半身向左转，左掌收于腰侧，右掌向左挥。然后左脚向后撤一步，整体上调整为前弓步姿势，左掌向上、向前伸，右掌向胸前收回。

第三十七节
虚步压掌

1 接上式，重心后移，左脚跟着地，上半身向右转。

2 左脚碾至脚尖朝前，左肘向内侧屈。

3 右脚上提，脚尖着地，上半身右转，左掌下压至肩部前方。

4 向前俯身，双膝屈曲，保持虚步，双手掌心朝下，靠肩部力量向下压掌。

第三十八节
独立托掌

1 接上式，双掌呈弧线形路线，从右向左划，右腿上抬。

2 右膝上提，左腿伸直，同时右臂撑掌前托。

147

第三十九节 马步靠

1 接上式，右脚下落并向前跨，脚跟着地，右掌向下按压，左掌向右挥摆。

2 右脚向右碾，左脚尖着地，上半身向右转，左臂屈肘，右掌向下划至腹部右侧。

3 左脚向右脚收，左掌向下划并变左拳，左掌向上划。接着左脚向左跨一步，右膝屈曲，右掌向胸前收回。最后重心左移。

第四十节 转身大捋

1 接上式，保持身形稳定，右掌竖起，掌心向左，上半身随之左转。

2 左拳变掌，双掌上抬至与肩齐高后向右捋。

3 左脚脚尖朝外，两掌经右下方向左上方划弧。

4 左脚撑地，重心上提，右脚收向左脚，双膝微曲，两掌外翻，继续向身体左前方划弧。

5 身体左转，右脚上步，双掌跟随左将。

6 双腿由屈膝变为直立，挺胸，双掌捋向身体前方，掌心朝上。

7 接着左腿后退一步，呈右弓步姿势。

8 身体重心下降，保持身形稳定，双臂屈肘，双掌变拳。

第四十一节 撩掌下势

1 接上式，重心左移，上半身稍稍向左转，左拳收于腰侧，右拳向左摆。然后重心右移，左拳收至腰后，右拳架在头前。

2 整体上调整为左仆步姿势，右拳向右挥，左拳向左划。

3 重心左移，整体上调整为前弓步姿势，左拳向上划，右拳向下划。接着右脚向左脚收回，双膝稍稍屈曲，右拳变右掌并向上划，左拳变左掌并搭于右臂。

4 重心位于右腿上，左脚上抬，上半身向右转，双掌随之上摆。

149

5 下半身保持不动，右掌向前推。

6 下半身保持不动，右掌变勾手。

7 左腿向左跨一大步，右膝屈曲下蹲，左掌下落至腹部前方。

8 重心左移，身体向左转，整体上调整为前弓步姿势，左掌向上划，右勾手向下落并翻腕。

第四十二节 上步七星

1 接上式，双腿向上伸展站起，右脚向左脚收回，脚尖朝下，左掌保持不变，右勾手向身体前方收回。

2 右脚向前迈一步，脚尖着地，双手呈拳，在胸前交叠。

独立跨虎

1 接上式，右脚向后撤一步，双拳变双掌，右掌向下挥。

2 重心移至右腿上，上半身向右转，左掌下压，右掌上举。

3 稍稍抬起左脚，上半身向左转。接着左脚落下，脚尖着地，屈膝下蹲，右掌收至左掌上方，掌背相对。最后左膝上提，左脚向内踢，双臂向两侧打开，左掌变勾手。

4 右腿伸直撑地。双臂侧平举，右掌立掌。

转身摆莲

1 接上式，身体右转，左脚落于右脚前方，左勾手变掌，右掌收回至腰侧。

2 左脚撑地，身体向右后方转体，右掌上抬并跟随右捋，左掌同样跟随右捋至右臂内侧。

3 右脚向右迈一小步，脚尖点地，双掌继续右捋至掌心向右。接着右脚向前踢，双臂上抬并向胸前摆，掌心朝前。

4 右腿屈膝收回，脚尖向下，双掌左摆。

第四十五节 弯弓射虎

1 接上式，右脚落在身体右后方，左腿屈膝。

2 待右脚踩实，重心右移，上半身向右转，双臂随之摆向身前，掌心朝下。

3 上半身继续向右转，双臂随之向右摆。

4 上半身稍稍向左转，整体上呈右弓步姿势，双臂先上摆至肩部高度，双掌变拳，然后继续上摆至身体右前方。

1 接上式，身体重心上升，双拳变掌，右掌搭于左臂内侧。

2 身体左转，重心放在左腿，变为左弓步，左掌向下划，右掌向上划。

3 右脚收向左脚，并向上提起，右掌变拳下摆至腹部前方，左掌上划至头部上方。

4 右腿向上提起，脚尖朝下，右臂屈肘，将右拳收向身前，左掌下压，掌心向下。

5 右脚向前落下，脚跟着地，右臂向前伸展，左掌向后划。

6 右脚踩实，身体重心前移，左脚跟抬起，双膝微屈，左掌向上划并向外翻至与肩齐高。

7 左脚向前迈一步，脚跟着地，左臂屈肘后收。

8 左脚踩实，左腿屈膝，右拳从腰间向胸前位置打出。

9 右腿伸直，呈左弓步，右拳穿越左掌向前打出。

右掤捋挤按

1 接上式，左脚跟着地，右拳变右掌，左掌向下划。

2 上半身向左转，右脚向左脚收回，右掌向下划，左掌向上划，双掌在身前呈"抱球"状。

3 右脚向右迈一步，上半身向右转，整体上呈前弓步姿势，右掌先向上划后向前推，左掌向下按压。

4 双臂先向右摆后自前向后捋。注意掌心相对，双臂右上左下，同时随身体动作而重心后坐。

5 上半身向左转，双臂随之捋至身体的左侧。

6 上半身向右转，双掌在胸前交叠并向前推，顺势将重心前移，整体上呈前弓步姿势。

7 重心后坐，左膝屈曲，双掌向下翻，先收至胸前后下压至腹部前方。注意双掌运动的轨迹为弧形。

8 双掌向上、向前推，同时重心前移，最后变为前弓步姿势。

1 接上式，右腿蹬直，上半身向左转，重心左移，左臂随之向左摆。

2 重心移至左腿上，整体上呈前弓步姿势，左臂继续向左摆至侧平举，双手掌心皆朝外。

3 重心右移，同时双掌向身前收回并于腹部前方交叠，掌心朝上。接着伸膝站起，左脚向右脚收回，双掌上抬至胸前。

4 左脚踩实，重心移至双腿中间。

收
势

1 接上式，保持下半身不变，双掌分开并向下翻。

2 在手臂的带动下，双掌向下落，此时掌心朝外。

3 双掌下落至双臂于体侧伸直，随即伸膝站直。

在线视频访问说明

为了帮助读者快速掌握动作技术，科学进行锻炼，本书提供了陈氏56式太极拳、杨氏24式太极拳和普及48式太极拳的演示视频，具体可通过以下步骤在线观看。

步骤1

点击微信功能菜单上的"扫一扫"（图1），扫描第二章至第四章的章首页（第12页、第81页和第114页）的二维码。

步骤2

如果您未关注微信公众号"人邮体育"，扫描后会出现"人邮体育"的二维码。根据提示关注"人邮体育"，并点击"资源详情"（图2），即可进入视频观看页面（图3）。

如果您已关注微信公众号"人邮体育"，扫描后可直接进入视频观看页面。

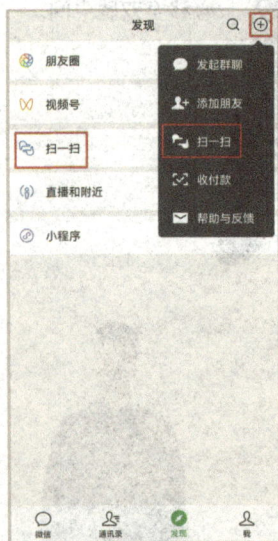

图1

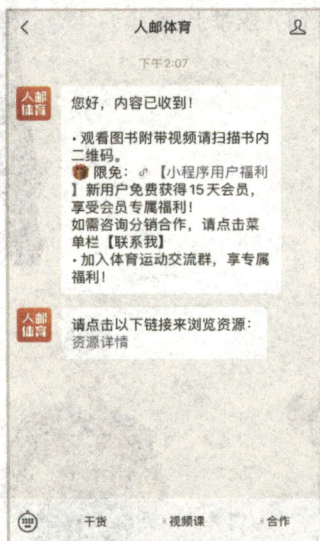

图2

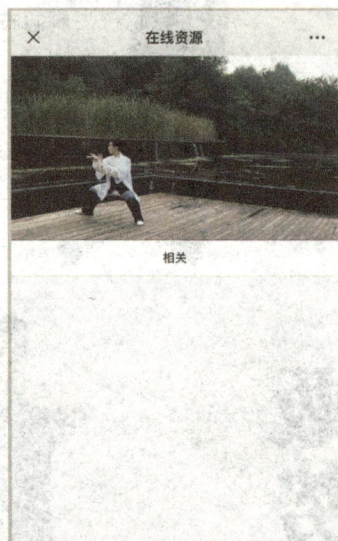

图3